古月桥

保护修缮工程报告

CONSERVATION PROJECT OF GUYUE BRIDGE

义乌市文物保护所
北京国文琰文化遗产保护中心有限公司　编著
清华大学建筑设计研究院有限公司

黄美燕　张　荣／主编

文物出版社

图书在版编目（ＣＩＰ）数据

古月桥保护修缮工程报告 / 义乌市文物保护所，北京国文琰文化遗产保护中心有限公司，清华大学建筑设计研究院有限公司编著；黄美燕，张荣主编． -- 北京：文物出版社，2022.9

ISBN 978-7-5010-7232-3

Ⅰ．①古… Ⅱ．①义… ②北… ③清… ④黄… ⑤张… Ⅲ．①古建筑－桥－修缮加固－义乌 Ⅳ．① K928.78 ② U445.7

中国版本图书馆 CIP 数据核字（2021）第 195678 号

古月桥保护修缮工程报告

编　　著　　义乌市文物保护所

　　　　　　北京国文琰文化遗产保护中心有限公司

　　　　　　清华大学建筑设计研究院有限公司

主　　编　　黄美燕　　张　荣

责任编辑　　王　戈　　吕　游

责任印制　　王　芳

装帧设计　　北京雅昌设计中心·杨玲艳

出　　版　　文物出版社

地　　址　　北京市东城区东直门内北小街 2 号楼

邮　　编　　100007

网　　址　　http://www.wenwu.com

印　　刷　　北京雅昌艺术印刷有限公司

经　　销　　新华书店

开　　本　　889mm×1194mm　　1/16

印　　张　　17.25

版　　次　　2022 年 9 月第 1 次版

印　　次　　2022 年 9 月第 1 次印刷

书　　号　　ISBN 978-7-5010-7232-3

定　　价　　680.00 元

《古月桥保护修缮工程报告》编委会

主　任　　吕　舟

顾　问　　黄克忠　张之平

主　编　　黄美燕　张　荣

编　委　　黄美燕　张　荣　叶　良　王　麒　吕　宁

　　　　　王　帅　李玉敏　白伟亮　陈竹茵　张枫林

　　　　　应治中　楼洪伟　周　鹰

我国的古桥历史悠久、数量众多，全国不可移动文物中桥梁超过三万座。这些古桥造型精美、工艺精湛，是我国古代劳动人民智慧的结晶，是古代工程技术的重要成就。保护好、传承好古桥，对于研究我国桥梁建筑史，展示其高超建筑技艺和深厚文化内涵，理解我国古代人民利用自然、改造自然的创造精神，具有重要意义。

很多古桥因为年久劣化、人为破坏、日常养护不到位等因素，保存状况不容乐观，并且面临洪水、台风、泥石流等自然灾害时易造成突发性损坏。古桥保护工作不仅十分重要，而且非常迫切。

国家文物局一直高度重视古桥保护，已经开展了大量工作。一些具有重要价值的古桥被公布为各级文物保护单位，依法纳入保护范畴，北京卢沟桥、河北安济桥、福建安平桥等因其价值特别重要，被列为第一批全国重点文物保护单位。近年来，国家文物局组织实施了福建江东桥、四川龙脑桥、广东广济桥以及大运河上的宝带桥等一大批古桥保护工程，有效消除了险情，改善了古桥保存状况。修缮后的古桥不仅继续承担着交通功能，还成为当地重要的活动场所，在居民集会交流、展示非遗技艺、弘扬优秀传统文化等方面发挥了独特作用。与此同时，国家文物局还特别强调古桥的防灾减灾和灾后修复工作，专门印发《关于加强桥梁文物防灾减灾工作的意见》，并对浙江泰顺廊桥、安徽屯溪镇海桥等汛期受损古桥，赴现场指导灾后修复工作，确保文物安全。

在各地已经实施的古桥保护修缮工程中，浙江的古月桥是一个不错的案例。古月桥为第五批全国重点文物保护单位，是一座南宋时期的折边石拱桥，位于义乌赤岸镇雅治街村龙溪之上，桥长30余米，宽4余米，桥形似一轮新月，在江浙地区很有代表性。

在保护修缮工程开展之前，古月桥残损严重、荒草丛生，已经无法通行，并受洪水威胁，存在安全隐患。国家文物局非常重视古月桥保护修缮工程，在项目批复意见中明确要求，应遵循"不改变文物原状""最小干预"等文物保护原则；深化价值研究，评估文物病害的原因及破坏程度；采取针对性措施，做好桥体加固和病害处理。

在现状勘察阶段，设计单位按照国家文物局的要求，深入研究了古月桥的历史沿革和建造结构特点，并采用数字化测量、材料分析实验等现代技术手段，对古月桥的残损部位、程度、病害致因进行分析，对桥体结构稳定性进行专项评估。在工程实施阶段，业主、设计、施工、监理各方通力合作，按照国家文物局的要求，尽量不扰动原有桥梁结构、不改变原有力学体系，使用水硬性石灰材料进行局部补强，采用当地传统材料、传统工艺补配桥面缺失部位，以最低限度的干预消除了桥体安全隐患，保留了古桥原貌。工程竣工后，古桥恢复了步行交通功能，并成为当地重要文化景观。当地文物部门在注意控制桥面荷载的同时，还加强日常管理，对古月桥安全稳定性进行持续监测，确保桥体安全。

古月桥保护修缮工程的做法和效果得到了业界认可，是2019年度优秀古迹遗址保护项目的特别推荐项目。这本修缮报告详细地介绍了工程全过程的理念、做法、经验，希望能为大家提供一些有益的参考和借鉴。同时，我也希望更多的人关注并参与古桥研究保护工作，大家一起努力，把古桥保护好、传承好。

中国古迹遗址保护协会理事长、国家文物局原副局长　宋新潮

目录

插图目录

表格目录

实测图目录

前言

吕舟

　　古月桥是一座建于南宋嘉定六年（1213）的折五边形单拱石桥。这座石桥作为全国重点文物保护单位，其核心价值在于历经八百余年岁月风霜雨雪，经历了无数行人、商旅远行的惆怅、回乡的喜悦之后，依然以完整的形态，成为地方历史文化的标志物，成为八百余年历史变迁的承载者；也在于其简单、有效且智慧的结构体系反映出的特定时代，当地工匠的融审美趣味和技术巧思为一体的建造逻辑。对古月桥的保护是认识、理解它所具有的全部价值的过程，是对这些价值进行有效保护的过程。在以保护古月桥文物价值为基本目标的前提下，研究可能采用的保护方法，无论是古人曾用于建造古月桥的传统技艺，还是基于当代科学发展形成的新技术，最终达到有若无、实若虚，使保护维修后的古月桥容颜依旧，不改历经八百余年风雨的沧桑面貌，同时又完满解决它在这次维修保护之前出现的结构隐患。古月桥的保护维修是一项成功的文物保护项目，也是一项具有探索性的文物保护工程。

　　古代桥梁的保护在中国文物保护工程中也有大量案例，20世纪50年代对河北赵县安济桥、20世纪80年代北京卢沟桥的维修是中国在古代桥梁保护方面的重要探索。古代桥梁的保护不仅需要保护古代桥梁的基本特征，在一些特定的时间中还需要延续和改善桥梁的通行、交通功能。20世纪70年代北京卢沟桥还曾承担通行重载平板运输车运送大型工业设备的功能。这种情况一方面反映了中国古代造桥技术的高超水平，同时也反映了古代桥梁保护的复杂性。这也使得在安济桥和卢沟桥过往的保护工程中都采用了钢筋混凝土等现代结构技术。随着对文物保护原则的讨论，特别是不改变文物原状的保护原则的确定，促进了对古代桥梁保护理念和方法的探讨。20世纪90年代泉州洛阳桥的保护就完全采用了当地传统的造桥工艺，完整展现了这座宋代跨海大桥的传统形态。进入21世纪以后，在古桥保护中更多地采用传统工艺已逐渐成为中国文物保护的共识。2008年全国重点文物保护单位贵州黎平地坪风雨桥的灾后重建，不仅采用了当地传统的建桥技术，而且成为社区、村民自发参与文物保护、展现对文化传统保护的自觉行动的具有代表性的案例。

　　2015年中国古迹遗址保护协会发布了《中国文物古迹保护准则（2015年修订）》。在延续2000年版《中国文物古迹保护准则》提出的文物保护原则的基础上，强调了中国文物古迹保护应当遵守的七条原则：

1. 不改变文物原状；

2. 真实性；

3. 完整性；

4. 最低限度干预（预防性保护）；

5. 保护文化传统；

6. 使用恰当的保护技术；

7. 防灾减灾。

　　其中在关于"最低限度干预"的原则中还强调了"预防性保护"的概念："预防性保护是指通过防护和加固的技术措施和相应的管理措施减少灾害发生的可能、灾害对文物古迹造成损害、以及灾后需要采取的修复措施的强度。"古月桥保护维修工程是在汲取中国古桥保护经验基础上，对《中国文物古迹保护准则（2015 年修订）》的保护原则的实践，并在工程中贯彻了"预防性保护"的理念。

古月桥保护维修工程强调对古月桥的勘察，在充分进行价值评估和现状评估的基础上，针对古月桥存在的残损状况，制定了保护修缮的措施。遵从"尽可能减少干预"和"真实性的原则"，强调对古月桥现状形态和历史信息的保存，避免拆卸和结构构件落架，保护了其原有结构构造体系。对破损结构构件进行修补，未更换任何结构性构件，完整保留了原有桥梁力学体系与构件。

在古月桥的保护中运用精密测绘技术，分析其结构构造体系，指导保护策略；使用当地传统配比的三合土垫层作为防水层，用传统工艺加工补配缺失石构件。在传统工艺无法解决的情况下，研发"牺牲性"保护材料——改性水硬性石灰材料修补破损石梁节点，采用现代检测技术分析材料性能、强度及与原石构件外表形态的一致性。

在施工过程中，从保证文物安全和"预防灾害侵袭"角度，在桥梁下部设置预防性保护钢梁，防止保护施工过程中洪水或其他不可预见的灾害对桥体可能产生的破坏。通过工程全过程监测，科学地监测控制施工过程中的桥体结构稳定情况，以及整个工程的实施进程与质量。

古月桥保护工程以最大限度保持古月桥原状为目标，采用原有构件、原有的材料和传统的工艺，将原有构件修缮后复位。竣工后古月桥的尺度、外观保持原始状态，几乎看不出任何工程干预的变化，实现了梁思成先生提出的"有若无，实若虚"的境界。

古月桥保护修缮工程还很注重当地社区的参与，由于历史照片和历史图纸的不足，在对桥面原有形制的研究过程中，走访了当地村民，采访询问原有地面做法。本项目的工程施工单位就是义乌本地企业。工程中的石板加工、三合土夯筑以及很多工程步骤都是当地工匠采用传统工艺、就地取材实施的。当地工匠参与保护工作，既延续了传统工艺，也在一定程度上促进当地社区融入到保护工作当中。工程完工后，得到了当地社区的认可，村民使用这座恢复健康的古桥进出村庄，在桥边休息纳凉，再现和谐美好的田园风光。

2019 年，古月桥保护修缮工程项目获得中国古迹遗址保护协会全国优秀古迹遗址保护项目"特别推荐项目"。同年获得联合国教科文组织亚太地区文化遗产保护"优异项目奖"（UNESCO Asia-Pacific Awards for Cultural Heritage Conservation-Award of Merit）。项目获奖评语："古月桥的保护修缮体现了应用高科技与尊重传统建筑的成功结合。古月桥是中国有明确题记年代最早的折边石拱桥，项目使用了最先进的勘察、修缮和材料技术，以了解和加固这座拥有八百年历史的古老建筑结构。项目团队发明了一种新的复合材料，将其应用于减缓桥梁未来的老化；当地工匠使用传统手工建造技术，确保了当地建筑实践的连续性。保护修缮项目让这一当地地标性建筑重返社区，同时也有助于恢复这里重要的传统乡村景观。"

中国古代桥梁文物保护回顾与探索 壹

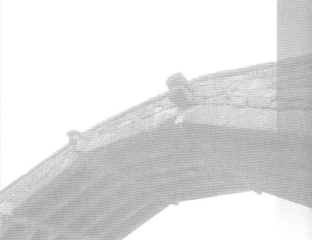

一 · 中国文物保护开端与中国营造学社的桥梁研究

文物的概念在中国具有非常悠久的历史。《左传》记载："夫德，俭而有度，登降有数。文物以纪之，声明以发之，以临照百官，百官于是乎戒惧而不敢易纪律。"这里"文物"的意思就是把美好的品德刻在器物上，用来记载和弘扬。我们可以看到几千年前商周的青铜器上有很多铭文，记录着军国大事。后世的人就逐渐将"文物"的名字赋予这些有价值的历史古物，并从器物扩展到建筑、石窟、遗址等文物古迹，称之为不可移动文物。

我国文物保护的概念起步较晚，基本是伴随着建筑史学等学科发展而逐渐发展起来的。19 世纪末，西方的文化与科学伴随着帝国主义列强的坚船利炮来到了古老的中国。在被动地打开国门后，很多有识之士开始着眼于世界，主动向西方学习，通过科学的视角重新审视中华传统的历史文化与文物古迹。1902 年，梁启超在其《新史学》开篇中写道："于今泰西同行诸学科中，为中国所固有者，惟史学。史学者，学问之最博大而最切要者也，国民之明镜也，爱国心之源泉也。今日欧洲民族主义所以发达，列国所以日进文明，史学之功居其半焉。"[1]

1919 年，朱启钤发现并刊印出版了宋代官方建筑规范书籍——《营造法式》[2]。1930 年，朱启钤成立中国营造学社，并担任社长。中国营造学社以中国建筑为主要研究对象，同时包括塑像、壁画、丝绸、漆器等传统艺术品的研究，希望通过对中国古代营造史的研究，认识整理中国历史文化。朱启钤在营造学社成立大会的演讲词中说："吾民族之文化进展，其一部分寄之于建筑，建筑于吾人最密切，自有建筑，而后有社会组织，而后有声名文物……总之研求营造学，非通全部文化史不可，而欲通文化史非研求实质之营造不可。"[3]

1-01 《营造法式》　　　　　　　　1-02 朱启钤

中国营造学社聘请从美国学成归来的梁思成为法式组主任，从日本学成归来的刘敦桢为文献组主任，开启了中国建筑史学的研究，确立了以中国传统文献学和西方田野调查测绘学相结合的现代中国建筑史学研究方法。营造学社调查测绘研究中国古建筑两千多处，并出版发行《中国营造学社汇刊》，发表了大量重要的中国建筑史研究成果。

1　梁启超《新史学》,《梁启超全集》第二卷,北京出版社,1999年。

2　《营造法式》是北宋崇宁二年(1103),由北宋官方颁布的一部建筑设计、施工的规范书,时任将作监的李诫奉敕修编。1919年2月,朱启钤在南京江南图书馆发现了《营造法式》的丁氏抄本,以石印本印制发行。1925年陶湘以此丁本《营造法式》与《四库全书》文渊、文溯、文津各本校勘后,按宋残页版式和大小刻版印行,世称为仿宋陶湘本,即陶本。

3　朱启钤《中国营造学社开会演讲词》,《中国营造学社汇刊》一卷一期,1930年7月。

4　刘敦桢《万年桥志述略》,《中国营造学社汇刊》四卷一期,1933年3月。

1-03　梁思成(左)与刘敦桢(右)　　　1-04　《中国营造学社汇刊》

中国营造学社在成立之初就将中国古代桥梁作为古建筑的一种重要类型进行研究。《中国营造学社汇刊》中有多篇针对中国古桥的研究论文。

1933年3月,刘敦桢发表《万年桥志述略》[4]。万年桥位于江西南城,始建于明崇祯八年(1635),建成于清顺治四年(1647)。清代谢甘棠撰写《万年桥志》,其中有详细的施工记录,是我国古代桥梁史上留存至今最早、最完整的施工档案。刘敦桢先生对比志书与实物,将桥梁的建造工艺、用工、用料、资金等情况进行了详尽的分析研究。这篇论文第一次运用了现代中国建筑史学方法研究古代桥梁的营造过程,在中国建筑史学上具有重大意义。

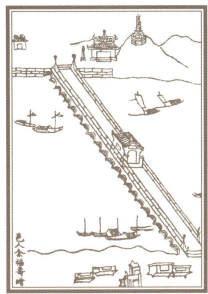

1-05　《万年桥志》插图

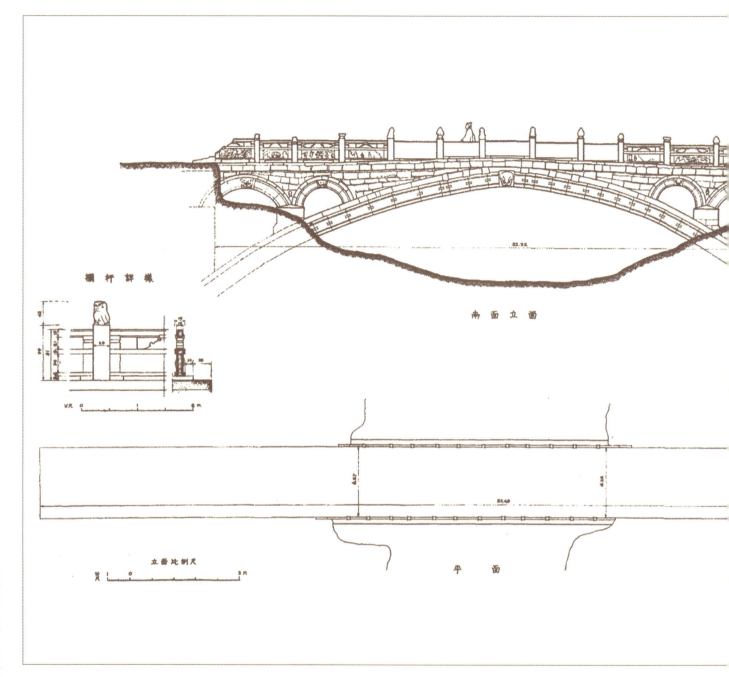

欄杆詳樣

南面立面

立面比例尺

平　　面

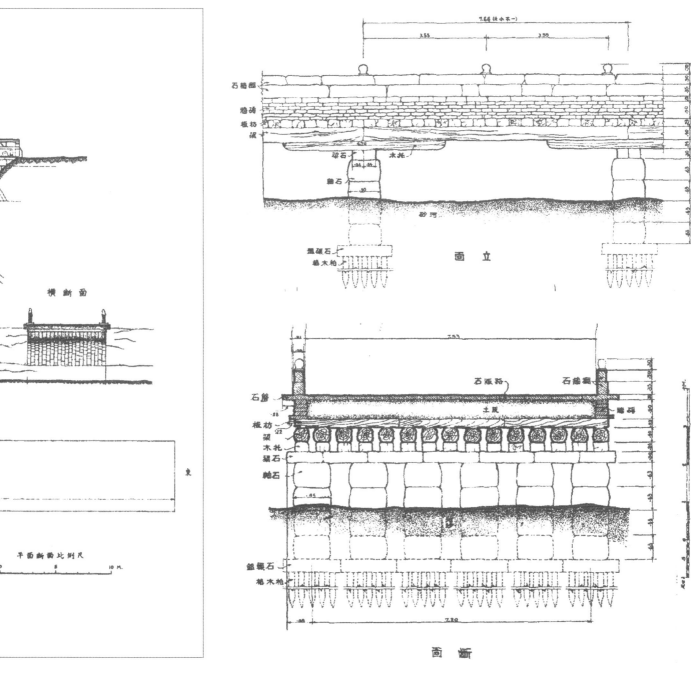

1-06 河北赵县永通桥实测图
（图片来源：中国营造学社测绘图）

1-07 陕西西安灞河桥立、剖面图
（图片来源：中国营造学社测绘图）

1-08　梁思成（右）与林徽因（左）在北京天坛调查

5　梁思成《赵县大石桥》，《中国营造学社汇刊》五卷一期，1934年3月。

6　刘敦桢《石轴柱桥述要（西安灞、浐、沣三桥）》，《中国营造学社汇刊》五卷一期，1934年3月。

7　刘敦桢《抚郡文昌桥志之介绍》，《中国营造学社汇刊》五卷一期，1934年3月。

8　王璧文《清官式石桥做法》，《中国营造学社汇刊》五卷四期，1935年6月。

　　1933年，梁思成和莫宗江在河北赵县发现并测绘研究了中国最著名的古桥——赵州安济桥，并发表《赵县大石桥》[5]一文。梁思成评价安济桥："这一次考察赵州，不意不单是得见伟丽惊人的隋朝建筑原物，并且得认识研究这千数百年前的结构所取的方式，对于工程力学方面，竟有非常的了解及极经济、极聪明的控制。"

　　除了对安济桥建筑结构和形制研究外，梁思成对桥体的残损及后期修复情况也进行了详细的调查。"现在桥之东面已毁坏，西面石极新。据乡人说，桥之西面于明末坏崩。按：当在万历重修之后若干年，而于乾隆年间重修，但并无碑记。桥之东面亦于乾隆年间崩落，至今尚未修葺，落下的石头还成列的卧在河床下，现在若想拾起重修还不是一件很难的事"。

　　1934年3月，刘敦桢在《石轴柱桥述要（西安灞、浐、沣三桥）》[6]一文中指出，中国古代桥梁分为三类。"我国桥梁之种类就今日已知者，依其外观及结构性质可别为三类。曰'梁式之桥'、曰'栱桥'、曰'绳桥'。"刘敦桢对中国桥梁的发展历程和地域分布进行了概括和分析，这是从中国建筑史角度第一次对中国古代桥梁进行的分类研究。论文还对西安三座桥梁的结构、做法进行了详尽的分析和研究。

　　中国营造学社对抚郡文昌桥[7]、清官式石桥[8]也都进行了现场考察和深入的研究。

　　从中国营造学社对古代桥梁的重视和研究成果可以看出，桥梁是中国古代建筑中的一种重要类型。中国古代桥梁建造历史悠久，类型多样，桥梁建造技术非常高超，在很长的历史时间里都领先于全世界。

　　英国科学技术史专家李约瑟博士评价："梁思成为研究中国建筑历史的宗师。"中国

9 〔英〕李约瑟《中国科学技术史》，科学出版社，1990 年。

10 蔡方荫、刘郭桢、梁思成《故宫文渊阁楼修理计划》，《中国营造学社汇刊》三卷四期，1932 年 9 月。

11 梁思成、刘敦桢《修理故宫景山万春亭计划》，《中国营造学社汇刊》五卷一期，1934 年 3 月。

12 梁思成《杭州六和塔复原状计划》，《中国营造学社汇刊》五卷三期，1935 年 3 月。

营造学社桥梁的考察成果对李约瑟博士研究中国科学技术史起到了很大的影响作用。他在其巨著《中国科学技术史》[9]中将桥梁与道路、墙和长城、建筑技术、水利工程并列，以专门章节研究中国古代桥梁，尤其对中国古代的拱桥技术大加赞赏。他称赞赵州安济桥："早在欧洲应用这种拱桥的 700 年前，中国就有一位天才的工程师已经修建了这种拱桥。"李约瑟博士相信这种圆弧拱桥的技术，是由马可·波罗从中国传入欧洲，带动了 14 世纪欧洲造桥技术的突飞猛进。正如梁思成关注赵州安济桥的残损问题并提出未来保护的建议，中国营造学社在古建筑调查中也会关注这些文物的安全问题，提出未来保护的思路。其直接参与了多项中国古代建筑修缮的勘察设计工作，如故宫文渊阁[10]、景山万春亭[11]、天坛祈年殿、杭州六和塔[12]等修缮工程或者设计方案，这些工作都是 20 世纪上半叶中国最早的文物保护理论与实践的探索。

二·中国古代桥梁类文物的保护历程与保护理念发展

（一）中国文物保护单位管理体系中的古代桥梁文物

20世纪初，在学术界开始重视文物价值的同时，政府也意识到文物保护的重要性，并开始制定相关的政策与法规。1906年，清政府拟定了一个《保护古迹推广章程》，率先提出了保护古迹的概念。1916年，北洋政府内务部制定了《保存古物暂行办法》。1930年，南京民国政府公布了《古物保存法》，开始从法律层面保护文物。

1949年以后，我国对不可移动文物采用分级登录保护制度。根据文物保护单位的价值高低，共分为四级，即全国重点文物保护单位、省级文物保护单位、市县级文物保护单位、登记不可移动文物点。对不同级别的保护单位分别由国务院、省级、市县级文物行政管理部门管理相应级别的文物保护工作。

1961年，国务院公布了第一批全国重点文物保护单位，著名桥梁专家茅以升专门撰文《重点文物保护单位中的桥——泸定桥、芦沟桥、安平桥、安济桥、永通桥》。介绍了第一批国保中的五座古桥。"在国务院公布的第一批全国重点文物保护单位的名单中，列有五座桥：四川省泸定县的'泸定桥'，北京市丰台区的'芦沟桥'，福建省晋江县的'安平桥'和河北省赵县的'安济桥''永通桥'。它们都是具有重大历史、艺术、科学价值的文物，都属于国家重点保护的范围。从技术方面看，这五座桥代表着四种型式：泸定桥是'悬桥'，芦沟桥是'连续桥'，安平桥是'梁桥'，安济桥、永通桥是'拱桥'。这四种型式的桥，再加两种'伸臂桥'和'开合桥'，构成近代桥梁中的六种基本型式。"[13]

我国至今已公布了八批共5058处全国重点文物保护单位（后文简称"国保"），其中在古建筑大类中专门设桥梁的子分类，共有94处桥梁。除此以外，在其他古建筑、石窟寺及石刻、近现代重要史迹及代表性建筑、古遗址、古墓葬中还涉及桥梁。

另外，在省级、市县级文物保护单位、登记不可移动文物点中还有大量的桥梁类文物。

古代桥梁是我国不可移动文物的一项重要的组成部分，本书以石质桥梁类文物，尤其是石拱桥的保护实践进行案例分析，尝试探讨我国文物保护理念的发展历程。

表1-1　全国重点文物保护单位分类数量统计表

公布批次	古遗址	古墓葬	古建筑	石窟寺及石刻	近现代重要史迹及代表性建筑	其他	总量
第一批（1961年）	26	19	77	21	33	4	180
第二批（1982年）	10	7	28	6	10	1	62
第三批（1988年）	49	29	111	27	41	1	258
第四批（1996年）	56	22	110	10	50	2	250
第五批（2001年）	144	50	248	31	40	5	518
第六批（2006年）	220	77	513	63	206	1	1080
第七批（2013年）	522	182	793	110	338	1	1944
第八批（2019年）	167	30	280	39	234	12	762
总数	1194	418	2160	307	952	27	5058
比例	23.61%	8.26%	42.70%	6.07%	18.82%	0.53%	100%

13　茅以升《重点文物保护单位中的桥——泸定桥、芦沟桥、安平桥、安济桥、永通桥》，《文物》1963年第9期，33～47页。

表1-2 全国重点文物保护单位桥梁数量及比例统计表

国保批次	古代桥梁数量	古建筑数量	比例
第一批（1961年）	3	77	3.90%
第二批（1982年）	1	28	3.57%
第三批（1988年）	4	111	3.60%
第四批（1996年）	1	110	0.91%
第五批（2001年）	8	248	3.23%
第六批（2006年）	20	513	3.90%
第七批（2013年）	38	793	4.79%
第八批（2019年）	19	280	6.79%
总数	94	2160	4.35%

（二）20世纪50～70年代"两重两利"原则下的古代桥梁保护

1949年以后，对重要文物开展了一系列必要的保护修缮工程，比如50年代的安济桥修缮工程、永乐宫搬迁工程，60年代的敦煌莫高窟岩体加固工程、卢沟桥加固工程，70年代的南禅寺修缮工程等。

尽管我国20世纪文物保护工作成绩斐然，仍存在不少问题，尤其是五六十年代针对古代桥梁的修缮工程问题较多，很多桥梁在修缮后，真实性和文物价值都受到了很大的影响。

在1933年梁思成调查研究的基础上，1952年，文化部文物局和交通部公路总局等部门对安济桥再次进行勘察，并制定赵州安济桥的修缮方案，修缮工程于1958年竣工。工程复原了东侧塌毁的3道拱券，剩余保存相对较好的23道拱券采用了压力灌注水泥浆的加固方式，护拱石之间采用钢筋混凝土盖板，拱腔填料使用了水泥碎石混凝土，在其上做了油毛毡和沥青防水层，并重做了桥面。参照考古发现的构件复制了桥栏板。工程完工后，安济桥原有的石拱券结构体系被填充了大量混凝土，结构体系的改变影响了安济桥最重要的科学价值，并且大量更换石质构件使整个桥梁被修饰一新。

1963年，梁思成考察修复完工的赵州安济桥后，在《闲话文物建筑的重修与维护》一文中写道："直到今天，我还是认为把一座古文物建筑修得焕然一新，犹如把一些周鼎汉镜用擦铜油擦得油光晶亮一样，将严重损害到它的历史、艺术价值……在赵州桥的重修中，这方面没有得到足够的重视，这不能说不是一个遗憾。"[14]

1967～1968年，第一批全国重点文物保护单位中的另一座著名桥梁——卢沟桥（亦称"芦沟桥"），为增强桥面通行能力，将桥体继续加宽、加固。"此次工程，将金边以上的桥面石板凿出57道沟槽，放置钢筋混凝土梁，使梁端挑出桥身以外，外悬部分铺以钢筋混凝土板为步道。全部地栿用混凝土筑成，旧石栏杆移装于其上。此次加宽工程中损坏了全部旧地栿石和旧缘石。旧桥面石损坏了半数，栏板和望柱都不曾损坏。将风化损坏较严重的栏板和望柱做了更新。"[15]

14 梁思成《闲话文物建筑的重修与维护》，《文物》1963年第7期，7～12页。

15 孔庆普《卢沟桥四十二年维修记（摘要）》，《市政技术》1992第12期，31～33页。

加宽、加固工程使卢沟桥得以满足现代通车需要，在20世纪七八十年代，多次拉载重型设备的汽车通过卢沟桥，最大的车辆荷载超过400吨。然而，该工程完全改变了卢沟桥的外观和桥面的结构，其真实性受到了极大的影响，文物价值严重受损。

中国营造学社调查研究的另一座古代桥梁——万年桥，在20世纪50年代的保护工程中也使用了大量的水泥，导致桥梁的真实性受到影响，文物价值受损。

类似的问题在当时的文物保护工程中层出不穷，在桥梁类文物中尤其明显。究其原因，当时文物保护原则被总结为："两重两利——重点保护、重点挖掘，既对生产建设有利，又对文物保护有利。"古代桥梁很多处于交通要道，很多仍是重要的交通设施。在当时的社会经济条件下，保护主要从生产使用要求出发，按照现代人车通行要求，甚至通行重型车辆的荷载要求，对古代桥梁进行改造，贸然使用不可逆的现代材料加固桥体，改变原有桥梁的结构。保护工程实施后，虽然能够暂时满足使用要求，但是对文物价值产生了永久性的破坏。

以上案例说明，20世纪50～70年代，因社会经济发展水平限制，文物保护与生产建设产生矛盾时，会更偏向于生产建设需求。尤其在仍做交通设施使用的古代桥梁修缮工程中体现更为突出。分析其根源，还是对于文物价值认识的不够，对桥梁的结构构造、文物构件的价值属性认知不清，导致大量的重要古代桥梁文物变成了内部钢筋混凝土结构、外表光鲜的假古董。

（三）20世纪八九十年代"不改变文物原状"原则下的古代桥梁保护

1982年，中华人民共和国颁布了第一部《文物保护法》。《文物保护法》第十四条明确规定了文物保护的基本原则，即"不改变文物原状"原则。

1985年，中国加入《保护世界文化和自然遗产公约》，一些重要的国际文化遗产保护文件，如《威尼斯宪章》被介绍到中国。我国文物保护学者开始学习和吸收国际遗产保护理念，在审视以往的保护实践工作和新的实践探索中，文物保护学界对"恢复原状""保存现状""整旧如旧"等原则进行了深入地探讨，并总结表述为"不改变文物原状"原则。

在文物保护理念发展的背景下，中国古代桥梁保护修缮实践也步入了一个新的阶段，其中最具代表性的保护工程就是卢沟桥修复工程。

"1986年，北京市成立卢沟桥历史文物修复委员会，决定对卢沟桥进行大规模修复，恢复卢沟桥的原貌。此次修复工程的范围主要有：拆除1968年桥面加宽部分，将石栏板归安于老桥位置；拆除全部沥青混凝土桥面，重建石板道桥面，并保留部分古代桥面石；修补券脸和拱眉。"[16]

为保证工程中不对桥体产生破坏，对于混凝土挑梁的拆除非常小心，经过多种方法试验，采用了"横顶法"将混凝土拆除，保护了桥体石结构。工程非常注意原有望柱与栏板的保护，在挑梁拆除后，都将望柱栏板完整地归安至原位。工程中将原有的桥面石也尽量收集，重新铺砌在桥面，可以看到历史上车辙在桥面上留下的深深痕迹。

尽管由于技术资料有限，桥面板未能完全按照原位铺设，并且补充的部分新构件与原有构件在观感上还有不完全协调的地方，但是瑕不掩玉，本次工程还是很好地纠正了20世纪60年代对卢沟桥的错误改造，并且以"不改变文物原状"为原则，基本恢复了

16 庆普、席学恩《卢沟桥修复工程施工简介》，《市政技术》1987年第12期，2～7页。

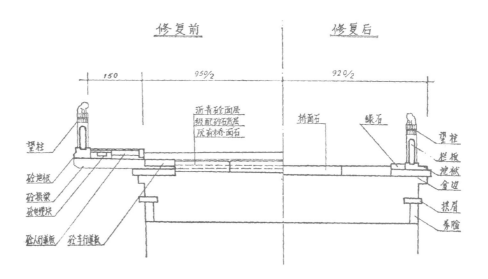

1-09 北京卢沟桥修复工程示意图

其原有的结构体系与历史原貌，基本达到了工程前设定的"不仅形似，更要神似"的保护目标。

这一时期，我国还对多座古代石桥进行了保护工程，如江西庐山观音桥、福建泉州的洛阳桥、福建漳州江东桥等。文物保护领域对石拱桥价值的认识更加深入，对桥梁原有结构与原有构件所蕴含的历史、科学价值更加重视。在"不改变文物原状"原则的指引下，以上古代石拱桥的原有结构体系与原有构件都得到了较好的保护，并且对过往不当干预的工程做法进行了修改与恢复。

（四）21世纪文化遗产保护理念下的古代桥梁保护

2000年之后，文物保护进入了快速发展时期，《中国文物古迹保护准则》的颁布，确立了更加完善的文物保护程序与原则，并将文物保护的概念延伸到了文化遗产保护。

古代桥梁作为重要的交通设施，除了原有的历史、艺术、科学价值外，桥梁所蕴含的人文景观价值，以及作为社会、经济、文化交流纽带的价值也越来越受到重视。

2011年，杭州西湖文化景观成功列入世界文化遗产，西湖十景之一的"断桥残雪"以及沿湖周边的众多桥梁都成为了世界遗产的构成要素。2014年，中国大运河成功列入《世界遗产名录》，与之密切相关的众多古桥也被列入了世界遗产点，如北京万宁桥、苏州宝带桥、杭州拱宸桥和广济桥、绍兴八字桥等等。

2020年，中国世界遗产预备名录项目"古泉州（刺桐）史迹"更名为"泉州：宋元中国的世界海洋商贸中心"，正式申报世界遗产项目，并增加了遗产点——安平桥、顺济桥。闽浙木拱廊桥作为预备申报世界遗产项目也加紧保护与研究工作。

中国古代桥梁价值认识在深入，桥梁保护研究的理念与技术也随之快速地发展。数字化测量、监测、结构分析、材料研发等最新的科技手段都运用到了桥梁保护的工程实

17 邓广辉、喻永华、张立乾、陈红、葛川《从广济桥稳定性评价及抢险保护设计浅谈古代石拱桥现状评估和保护整治》，《北方交通》2007年第12期，69～72页。

18 张时琦、淳庆《明代石拱桥永昌桥的加固修缮技术研究》，《文物保护与考古科学》，2019年第12期，54～60页。

19 《中国文物古迹保护准则》是由国际古迹遗址理事会中国国家委员会制定，为国家文物局推荐的行业规范，2000年制订第1版，2015年修订完成第2版。

20 《中国文物古迹保护准则》2015版第12条："最低限度干预：应当把干预限制在保证文物古迹安全的程度上。为减少对文物古迹的干预，应对文物古迹采取预防性保护。"

21 2017年《国家文物事业发展"十三五"规划》；2018年中共中央办公厅、国务院办公厅《关于实施革命文物保护利用工程（2018～2022年）的意见》；2018年中共中央办公厅、国务院办公厅《关于加强文物保护利用改革的若干意见》。

践中。

例如，文物保护工作人员在杭州广济桥的保护工作中进行了变形监测与结构有限元分析，总结了古代石拱桥的评估与保护的流程[17]。在南京永昌桥的保护工作中进行了结构有限元分析，并采用了新型的灌浆防水材料对桥体进行加固[18]。

2015年版《中国文物古迹保护准则》[19]提出了"预防性保护"[20]概念，在之后的多项国家颁布的重要文物保护文件[21]中，都明确指出要从以往单纯注重"抢救性"保护，向"抢救性"与"预防性"并重的保护方式转变。

2019年4月18日，在清华大学举行的国际古迹遗址日活动上，南京长江大桥公路桥维修文物保护项目、泰顺廊桥灾后修复工程和古月桥修缮工程三项桥梁类文物保护工程项目获得嘉奖。可以看出，桥梁类文物保护工程在整个文物保护行业都具有重要的影响力。

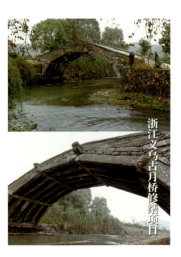

业主单位：南京市公共工程建设中心
勘察设计单位：东南大学建筑设计研究院有限公司
施工单位：江苏鸿基节能新技术股份有限公司
监理单位：南京凤景园林工程监理有限公司

业主单位：泰顺县文化和广电旅游体育局
勘察设计单位：浙江省古建筑设计研究院
施工单位：杭州市古建园林工程有限公司
　　　　　永嘉县楠溪江建筑工程有限公司
监理单位：浙江省古典监理有限公司

业主单位：义乌市文物保护管理办公室
勘察设计单位：清华大学建筑设计研究院有限公司
　　　　　北京国文琰文化遗产保护中心有限公司
施工单位：浙江义乌宏宇古建园林工程有限公司
监理单位：浙江古典监理工程有限公司

1-10 优秀保护项目之一
——江苏南京长江大桥

1-11 优秀保护项目之二
——浙江泰顺廊桥

1-12 优秀保护项目之三
——浙江义乌古月桥

三·古代桥梁类文物保护理念历程小结

回顾我国古代桥梁，尤其是石拱桥的保护历程，可以清晰地反映出我国文物保护理念发展的不同阶段。

第一阶段，20 世纪上半叶，我国文物保护事业伴随建筑史学学科建立而产生。这一时期最重要的工作就是文物调查与研究，对我国文物的年代、特征、类型、价值进行深入研究与全面认知。

第二阶段，20 世纪 50 ～ 70 年代，随着中华人民共和国建立，我国文物保护事业开始全面铺开，文物保护管理工作都取得了很大成绩，但限于当时社会经济条件，文物保护工作常常需要从有利于生产建设角度出发。该原则被总结为"两重两利"。该时期的桥梁保护修缮实践往往过于强调桥梁的交通功能，修缮对部分桥梁的价值和真实性产生了负面影响。

第三阶段，20 世纪八九十年代，随着改革开放，社会经济发展，以及国际文物保护理念的传入，文物保护更加注重价值的保护和真实性的问题，保护原则被总结为"不改变文物原状"原则。该时期的桥梁保护修缮实践开始注重保护桥梁的原结构、原材料，并对以往不当的维修后果进行了原状恢复。

第四阶段，21 世纪以来，随着文物的概念扩展为文化遗产的概念，我国对桥梁类文物的价值认知进一步深入。很多桥梁类文物的保护实践体现了基于价值为核心，通过高新科学技术与传统工艺相结合的手段，将桥梁文物的价值载体真实地保护存续下去，从以往"抢救性"保护向"抢救性"与"预防性"保护并重的理念发展。

古月桥及其环境 贰

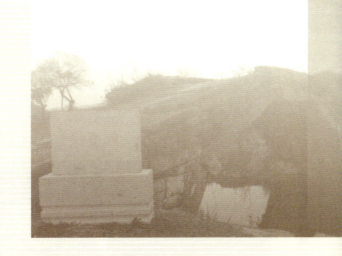

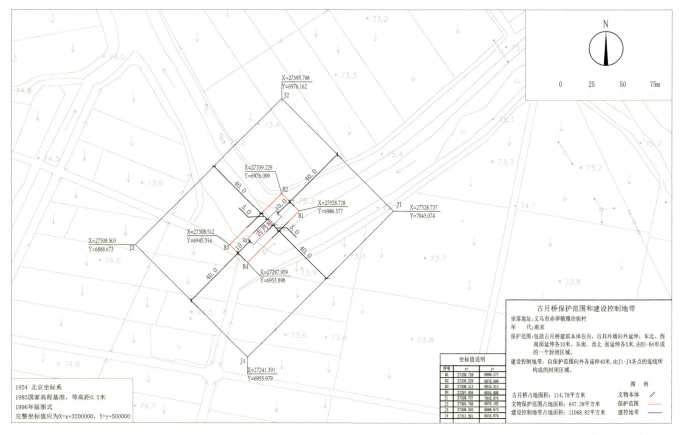

N

0   25   50   75m

X=27395.798
Y=6976.162
J2

X=27339.229
Y=6976.099
B2

40.0

5.0   10.0

古月桥

X=27328.728
Y=6986.577
B1

X=27328.737
Y=7043.074
J1

40.0

5.0

X=27308.512
Y=6945.314

X=27308.503
Y=6888.673
J3

B3   10.0

B4

40.0

X=27297.959
Y=6955.898

40.0

J4
X=27241.391
Y=6955.979

1954 北京坐标系
1985国家高程基准，等高距0.5米
1996年版图式
完整坐标值应为X=x+3200000，Y=y+500000

古月桥保护范围和建设控制地带

坐落地址：义乌市赤岸镇雅治街村
年 代：南宋
保护范围：包括古月桥建筑本体在内，自其外墙向外延伸，东北、西南面延伸各10米，东南、西北 面延伸各5米，由B1-B4形成的一个封闭区域。
建设控制地带：自保护范围向外各延伸40米，由J1-J4各点的连线所构成的封闭区域。

古月桥占地面积：114.78平方米
文物保护范围占地面积：647.28平方米
建设控制地带占地面积：11068.82平方米

坐标值说明		
序号	X=	Y=
B1	27328.728	6986.577
B2	27339.229	6976.099
B3	27308.512	6945.314
B4	27297.959	6955.898
J1	27328.737	7043.074
J2	27395.798	6976.162
J3	27308.503	6888.673
J4	27241.391	6955.979

图 例

文物本体
保护范围
建设地带

2-02 古月桥保护范围和建设控制地带规划图

2-03 古月桥及其省级保护标志碑（西南—东北，1993年）

历史最高水位线

（二）自然环境

1. 水文

古月桥位于龙溪转弯处，横跨龙溪。龙溪为钱塘江水系东阳江支流，发源于东阳大岭头，经王凡、洪塘入义乌境，为钱塘江上流水系东阳江支流，全长15千米，自东南向西北流淌。龙溪往西北经雅治街、麻车塘，折往西流，过剡溪村后，又称剡溪，到双溪口入吴溪，于季村西北入东阳江。龙溪流经雅治街村的一段约1.5千米。村民盘溪而居，沿溪设市。龙溪大部分时间常年有流水，但水流较小，主要属山泉水。平均每年有两三次雨后山洪，引起水位突涨，可从溪岸溢出，但每次会在暴雨过后快速退去。雅治街地下水以河谷平原潜水为主，泉水入渗系数为0.05左右。

2. 地质地层

据1987年《义乌县志》记载，根据地层发育特征，义乌境内分东南、西北两个不

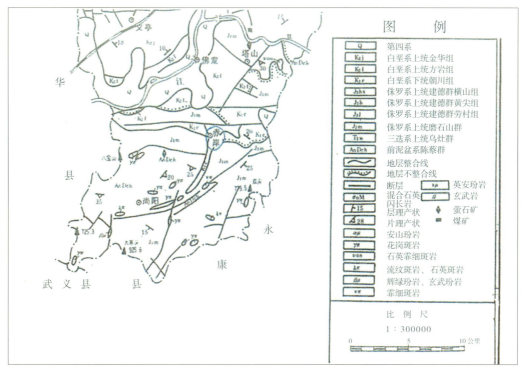

2-06 古月桥（西北—东南，1993年）

2-07 古月桥（东南—西北，1998年）

2-08 古月桥（东南—西北，2000年）

2-09 古月桥（东南—西北，2001年）

2-10 古月桥修缮前周边环境（西北—东南，2004年）

2-11 古月桥修缮后周边环境

同类型的地层小区，以中生代火山岩表现尤显特征。古月桥属东南地层白垩系下统朝川组，展布于东朱、赤岸、葛仙公尖一线和市西北一隅，为一套紫红色陆相碎屑岩夹火山碎屑岩建造，与下伏磨石山群、建德群为不整合接触，出露不全，厚度大于89米。

古月桥地基具有高承载力及低压缩性，经八百年的时间桥基未发生明显沉降。

3. 地形、地貌

古月桥所在的村庄地处义南中低山丘陵区。村庄三面环山，枕山抱水，前后有龙溪、后溪，双溪交汇。东西两面均为低山丘陵，高不过50米。南面2千米许为仙霞岭余脉八素山脉东干双尖（779.5米）、南岩尖（744米）、鹰嘴岩，尽于先峰水库。北面为会稽山余脉朝阳庵山峦，绵延不绝。其最高峰为屏峰山山峰，海拔高约600米。山涧之水汇集成后溪，出朝阳水库后，流经村庄，汇入龙溪。

古月桥处于村庄西面约百米，龙溪两岸种植了本地的一些乔木。周边地形西南以低山丘陵为主，桥东南和北面均为农田，作物以种植水稻和糖梗为主。

2-12 古月桥所在雅治街村朝阳庵水库——"小九寨"

（三）村落人文环境

雅治街明以前称野墅市（街），崇祯《义乌县志》载："野墅市，去县三十五里，在廿五都"[2]，为明清集市。清乾隆五十年（1785），全市设二十八都，野墅属双林乡廿六都，素为义南与东阳交界之孔道，曾经是义乌南乡与邻县东阳的商贸集散地，古月桥就架设在义南通往东阳黄田畈的古道上。太平军进驻时称南乡。民国时废市，曾划入佛堂镇、求是乡、赤岸镇。1949年后，先后属稽亭乡、东朱乡管辖。1992年后隶属于赤岸镇管辖。

雅治街自北宋初朱姓迁居，形成千年古村落。根据《野墅朱氏宗谱》记载，五代后周广顺二年（952），义乌赤岸朱氏十八派族祖朱禄（号野塘老人）生四子，得孙男十八，为保子孙无虞，用铸造双林铁塔多余的生铁，铸造了十八个铁罗汉分给每个孙子，作为后嗣相认的信物，使各房子孙分而居之。北宋初期，朱禄第十六世孙公信携铁罗汉迁来野墅，为今雅治街之始迁祖。

雅治街古村落建筑依地势而建，一条长街东西横穿村落，原为古驿道。老街长约500米，宽两三米，分上、中、下街。老街两旁的店铺，多为清代、民国建筑，三两间门店相连，有的上木板门，有的就开个柴扉、木窗，楼上挑轩。街心纵铺条石，两侧铺卵石。街路南侧为后溪，溪水汇集于上园塘、下园塘。村中祠堂、厅堂、民居、水塘、泉井错落，街巷纵横交错。以村中长街官道为中心线自西向东延展，南北巷弄平行排列，

2 明崇祯《义乌县志》卷二
"方舆考"，22页。

2-13 雅治街村落航拍图

2-14 野墅街（长街）

四通八达。朱氏大宗祠位于长街的西端，祠前有明堂，祠右前方建一间街心庙。各支派都以各支祠或宗厅为核心，向四周拓展，形成相对较集中的房派聚落。村西两棵五百年树龄的水口古樟，枝繁叶茂。

雅治街现存的古建筑集中分布于老街两侧，从建筑的遗存情况看，清中晚期为繁盛期，绝大多数厅堂都是这一时期建造。全村列入第三次全国文物普查（后文简称"三普"）登录名录的不可移动文物计 33 处，其中有全国重点文物保护单位（后文简称"国保"）1 处、市级文物保护单位（后文简称"市保"）6 处、市级文物保护点 2 处、历史建筑 24 处。建筑多为南向布局，屋宇连栋，勾檐翘角。雅治街村以中山楼为中心，设过街楼，将街道两边的院落和店铺连成一个整体。南区自西向东有街心庙、成仁堂、成祠、贵玉公祠、光裕堂、植桂堂、朱献文故居、翰林第、敦和堂、当店十八间等古建筑群，北区自西向东有朱氏宗祠、东山公祠、种德堂、中山楼、承庆堂、耕余堂、忍和堂、增熟屋、芝玉堂和一些小规模的三合院等特色建筑。一些普通民居也多以三、五间数围合成一个小天井。建筑以砖木构二层楼为主，厅祠平面以二、三进三合和四合式院落居多，抬梁、穿斗有机结合；普通民居以五、七、九间占多数，建筑装饰融石雕、砖雕、木雕和壁画于一体，并以"清水白木雕"为特色，具有浙中民居的风格特征。

2-15　雅治街村民居增熟屋

古月桥保护修缮工程报告　Conservation Project of Guyue Bridge

表2-1 赤岸镇雅治街村第三次全国文物普查登录不可移动文物一览表

文物名称	保护级别	建筑年代	坐落地点
古月桥	全国重点文物保护单位	南宋嘉定六年（1213）	雅治街村西百米龙溪之上
雅治街朱氏宗祠	市级文物保护单位	民国	雅治街村
雅治街十八间民居	市级文物保护单位	清	雅治街村705号
朱献文故居	市级文物保护单位	清	雅治街村428号
翰林第	市级文物保护单位	清宣统二年（1910）	雅治街村
增熟屋	市级文物保护单位	民国	雅治街村
耕余堂	市级文物保护单位	民国	雅治街村
东山公祠	市级文物保护点	清	雅治街村
贵玉公祠	市级文物保护点	清	雅治街村483号东侧
前大房民居	历史建筑	清	雅治街村500号
植桂堂	历史建筑	清	雅治街村51号
务本堂	历史建筑	清	雅治街村43号
敦和堂	历史建筑	清	雅治街村397号
中山楼	历史建筑	清	雅治街村96号-2
庆常太公屋	历史建筑	清	雅治街村90-1号
雅治街村九间头民居	历史建筑	清	雅治街村55号
朱顺球民宅	历史建筑	清	雅治街村193号
雅治街小宗祠	历史建筑	清乾隆年间	雅治街村86号
雅治街310号水井	历史建筑	明	雅治街村
成祠	历史建筑	清	雅治街村447号
雅治街六边形水井	历史建筑	清	雅治街村325号附近
雅治街新桥	历史建筑	明	雅治街村龙溪
雅治街村街心庙	历史建筑	清	赤岸镇雅治街村
雅治街楼下厅民居	历史建筑	清	赤岸镇雅治街村
上新屋（芝玉堂）	历史建筑	清	赤岸镇雅治街村42号
忍和堂	历史建筑	清	赤岸镇雅治街村
朱仕俊七间头民居	历史建筑	民国	赤岸镇雅治街村
朱翠玉七间头民居	历史建筑	民国	赤岸镇雅治街村
雅治街村292号民居	历史建筑	民国	赤岸镇雅治街村292号
雅治街458号民居	历史建筑	清	赤岸镇雅治街村458号
雅治街八角井	历史建筑	明	赤岸镇雅治街村
雅治街圆口水井	历史建筑	清	赤岸镇雅治街村
雅治街196号水井	历史建筑	清	赤岸镇雅治街村

2-16 雅治街朱氏宗祠

雅治街朱姓是个望族，门风蔚继，代有名人。朱献文（1872～1949），原名昌煌，字郁堂。由拔贡考入京师学馆，研习法政。清光绪二十八年（1902），被选派留学日本东京帝国大学法科。三十四年应试得中法政科进士，次年授翰林院检讨。宣统三年（1911）任资政院议员。民国时期，历任国务院法制局参事、大理院推事、江西高等审判厅厅长、京师高等审判厅厅长等职务，对推行法制颇多建树。1945年，当选浙江省临时参议会议长。1949年去世，归葬于赤岸挂网山。他一生布衣蔬食，不事奢华，生前俭朴平易的作风，至今为人称道。现村内保存朱献文故居和翰林第，为其生前居住和生活过的场所。

雅治街村非遗传承项目有木雕和剪纸。村中有制作红木家具的传统，木雕工匠行走于江、浙、皖等地。朱奎荣被评定为首批金华市非物质文化遗产"义乌根艺（木雕）"的代表性传承人。村民朱新琦自幼受到母亲的艺术熏陶，热爱剪纸艺术，为剪纸艺术传承人。

2-17 雅治街朱献文故居

2-18 雅治街翰林第

（一）折边拱桥研究

几千年来，中国古代先民通过辛勤的劳动，经反复实践，以无与伦比的创造力在长河激流上架起来一座座坚固、实用、美观的桥梁。在中世纪，西方旅行家曾经赞誉我国为多桥的古国。李约瑟评价说："中国文化的特色在不小程度上是合理和浪漫的巧妙结合，这一点在建筑工程上也产生了效果。中国的桥梁没有一座是不美观的，而且不少是非常美观的。"[3] 中国桥梁专家茅以升则赞誉 1881 年以前的中国古桥，"是我国历代劳动人民对世界文明做出的杰出贡献，也是我国古代灿烂文化的一个部分"[4]。

公元纪年以前，桥梁的主要三种形式包括梁桥、拱桥、索（吊）桥，在我国均已出现。梁桥是以梁作为桥的主要承重构件，以跨越河谷等天然或人工障碍。一般情况下，梁桥相对平直，因此又称为"平桥"。而拱桥是在墩台之间以拱形的构件来做承重结构，拱形构件于垂直荷载作用下，在墩台上产生垂直反力的同时，还产生水平推力，拱形构件受弯又受压，且常以受压为主，因此多用天然石料建造，材尽其用，十分合理。拱桥是我国两千年古代桥梁史上数量最多、类型最为丰富、价值最高的一类。就我国现存拱桥类型而言，有半圆拱、圆拱、马蹄拱、椭圆拱、折边拱等多种类型。其中，折边拱是中国拱桥发展史上的一种特殊形制。该类型在 20 世纪 80 年代前并不为学界重视，但事实上，对建筑史、桥梁史研究和科学技术发展史来说，折边拱桥具有非常重要的意义。

茅以升先生在《中国古桥技术史》中提到一种三边石梁桥，认为它是一种介于梁、拱、刚架之间的结构，多见于浙江一省。这是目前所见对于折边拱桥最早的单独研究论述。在该书中，他还提出了"由三边而五边、七边，石梁桥便转化为石拱桥"的演变过程。即石梁桥受材料特性影响，限制了跨度。为了尽可能地加大跨度，古代桥工反复摸索，

古月桥保护修缮工程报告 Conservation Project of Guyue Bridge

3 〔英〕李约瑟《中国科学技术史》，《物理学及相关技术土木工程与航海技术》，上海古籍出版社，2008 年，171 页。

4 茅以升《中国古桥技术史》，北京出版社，1986 年，28 页。

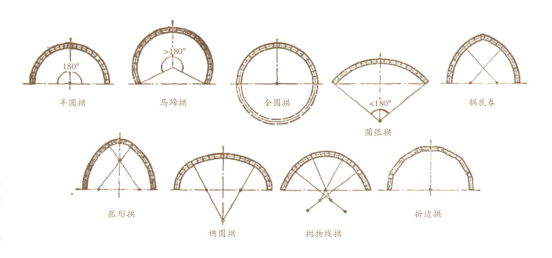

2-19 拱桥拱的类型（图片来源：茅以升《中国古桥技术史》，北京出版社，1986 年，63 页）

创造了叠涩出跳的伸臂梁桥，由伸臂梁桥提炼简化为八字撑桥（俗称三搭桥）；由三边形桥发展为五边形、七边形桥，边数越多，越接近拱桥，进而产生弧形拱桥。这恰与西方普遍认为的由金字塔"假拱"→折边拱→圆拱的发展历程相符。此后，桥梁学者基本认可了这一观点。在罗英《中国石拱桥研究》（1993年）、唐寰澄《中国科学技术史·桥梁卷》（2000年）等重要著述中，都认为由砖而石、由折边而圆拱是中国石拱桥最可能的发展历程。"中国石拱桥的诞生与中国独特的折边拱式的演进密切相关"[5]（刘敦桢）。墓葬考古的证据也证明了这一过程，自战国后期的板梁券，经三、四、六、七的折边券，到东汉末期的半圆拱，而圆拱则产生于最后，继而拱的跨度才逐渐增大。

5　沈方圆《折边桥与木拱廊桥的关系研究》，浙江大学硕士论文，2015年。

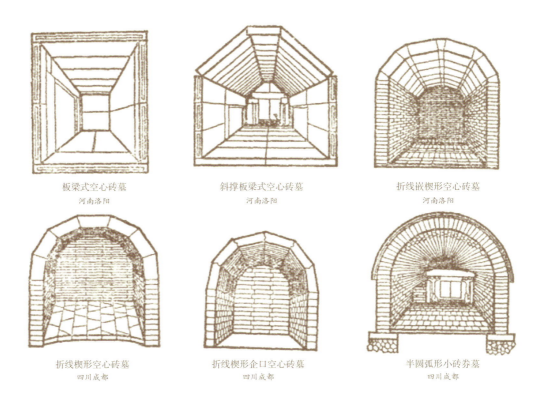

板梁式空心砖墓
河南洛阳

斜撑板梁式空心砖墓
河南洛阳

折线嵌楔形空心砖墓
河南洛阳

折线楔形空心砖墓
四川成都

折线楔形企口空心砖墓
四川成都

半圆弧形小砖券墓
四川成都

2-20　墓葬砖券演变过程（图片来源：茅以升《中国古桥技术史》，北京出版社，1986年，65页）

6　徐哲民《浙南木拱廊桥的现状及保护研究》，《建筑与文化》2009年第5期，25页。

因此，折边桥对于石拱桥的起源和演进、对于中国桥梁发展史来说具有重要意义。该类型不仅是中国古代建筑、桥梁中技术含量最高的品种之一，同时也是世界桥梁史上绝无仅有的一种特殊类型。由于该类型属于梁桥到拱桥的过渡形制，时代较早，保存下来的实例为数极少，故被一些学者称为"活化石"[6]。

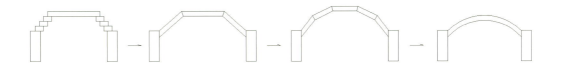

2-21　由横梁桥至拱桥的发展示意简图（图片来源：自绘）

表2-2　浙江现存重要折边桥一览表

序号	名称	年代	地点	折边数量	尺寸				保护级别
					长/m	宽/m	拱高/m	跨度	
1	灵溪桥	宋	金华永康	3	7.3	1.4		4.6	市保
2	横山桥	明	杭州	3	14.3	1.4			
3	和尚桥	宋、明重修	绍兴	3	5.6	1.62	4	8.6	
4	永言桥	明	金华	3	5	1.2	2.4	4.2	
5	眉寿桥	明	金华浦江	3	7	1.7			
6	通兴桥	明	金华浦江	3	9.5	1.3			
7	河桥	明	丽水莲都	3	11.95	1.74		11	市保
8	履坦桥	清	杭州	3	2.5		2.5		
9	金钱桥	清	杭州	3	27.8	3		7	
10	卧龙桥	清	绍兴	3	3.6	1.3	2.6	4.6	
11	德胜桥	清	绍兴	3	2	2		4.5	
12	镇安桥	清	台州	3	13.4	1.6			
13	于家桥	清	台州	3	23.1	1.5		18.3	
14	庆济桥	清	金华	3	20.94	1.62	4		
15	万安桥	清	金华	3	20	1.76	3		
16	黄贷桥	清	金华兰溪	3	17	1	4.2		
17	玉节桥	清	金华兰溪	3	24.9	1.9			
18	洪桥	清	金华武义	3	18.34	1.79	1.53	7.94	
19	荷村桥	清	金华义乌	3	14.7	2.14	1.35	4.8	
20	张村桥	清	金华义乌	3	16.75	2.31	1.3	4.9	
21	上潜溪桥	清	金华永康	3	5.1	2.2		4.1	
22	下潜溪桥	清	金华永康	3	5.1	2.2	2.5	4.7	
23	衍庆桥	清	金华永康	3	13.8	5.9		9.1	
24	黄川桥	清	金华永康	3	25.6	2.3	3.5	7.1	
25	修金桥	清	金华磐安	3	8.7	1.4	.3.9	7	县保
26	崇义桥	清	金华浦江	3	10	2.8			
27	同善桥	清	丽水莲都	3	5	1.85	3	3.5	
28	"中街古迹"桥	清	丽水莲都	3	7	2	3.5	5.5	
29	凉村亭桥	清	丽水莲都	3	6.3	1.3		3.5	
30	同春桥	清	丽水莲都	3	10.7		4.1	8	
31	桃花桥	清	丽水莲都	3	12	1.3	4.1	8.2	
32	岩头桥	清	丽水莲都	3	7	1.35	5	6.6	
33	石梁桥一	清	丽水松阳	3	10	2.9		5.4	
34	石梁桥二	清	丽水松阳	3	13.5	2.15		6	
35	泳真桥	清	丽水缙云	3	8.2	1.02	2.4	6.5	
36	永安桥	清	丽水缙云	3	6	1.05	2.05	5	
37	漳溪桥	清	丽水缙云	3	31	2.5		7.3	
38	永济桥	1918年	丽水缙云	3	66.25	3.3		7.68	
39	溪园桥	1923年	绍兴	3	145	2.23		7.9	市保
40	古月桥	南宋嘉定（1213）	金华义乌	5	31.2	4.91	4.99	14.67	国保
41	西山桥	南宋咸淳（1265）	杭州	5	18	3.5	5.5	11	国保
42	拜王桥	清	绍兴	5	26.3	3.7	3.55	3.25	国保
43	凤仪桥	清	绍兴	5	10	3	3	7.3	市保
44	汇善桥[7]	清	金华义乌	5	68	2.8		9.5	
45	大桥[8]	清	金华义乌	5	8.2	1.6		2.5	
46	大桥头桥	清	金华义乌	5	4.8	1.5	2.35		
47	保永桥	清	金华永康	5	10.75	1.72	3.6	7.22	
48	东渡村拱桥	清	丽水缙云	5	6	2.5	2.3	4.9	
49	（石门桥）	宋	丽水云和	5	18.54	2.57	3.74	8.46	省保
50	广宁桥	明	绍兴	7	60	5	4.6	6.1	国保
51	迎恩桥	明（1626）	绍兴	7	19	2.7	3.77		市保
52	谢公桥	清	绍兴	7	28.5	3		8	国保

数据来源：沈方圆《折边桥与木拱廊桥的关系研究》，浙江大学硕士论文，2015年，60～62页；《中国文物地图集·浙江分册》。

事实上，现存少量折边拱桥，除上海地区有一座三折边桥外，其余都位于浙江省，尤以义乌、永康、东阳、缙云等地为多，也被民间称为"无柱桥""八字桥"。一方面，这些地区石料丰富，便于就地取材、因地制宜。另一方面，折边桥兼具坚固、实用和美观的特性，能够保证较大的跨度，结构稳定性好，同时又具备用料节省、技术相对简单的特点，体现了古代工匠的智慧。据不完全统计，浙江省现存较重要的古代折边桥共有 52 座[9]，其中三折边桥 39 座，五折边桥 10 座，七折边桥 3 座。

由表 2-2 可见，现存五折边拱桥中，古月桥是建造年代最早，规模最大（宽度最宽、拱矢最高），跨度最大，难度最高的一座，具有极高的历史、科学价值。

另外，统计整个浙江地区现存宋元时期桥梁的数量与类型也可以看出，折边桥的数量非常稀少，只占拱桥的 1/7，而五座保存相对完整的折边桥，即义乌古月桥（五折边）、

2-22　义乌赤岸镇乔亭村大桥

云和石门桥（五折边）、永康灵溪桥（三折边）、绍兴和尚桥（三折边）、建德西山桥（五折边）中，义乌古月桥是年代最古老、跨度最长、结构最复杂的一例。

因此，中国石拱桥的诞生与独特的折边拱式的演进密切相关。"可喜的是在浙江保存着较多从三边形到圆弧拱演变轨迹的具有早期构造特征的桥梁，为研究这一转变提供了实物例证。"[10] 而在这其中，义乌古月桥是现存时代最早、最明确，建造技术最复杂、难度最高，保存最完整的代表，具有突出的文物、文化和社会价值，不仅佐证了南宋桥梁史、中国桥梁史，也为研究中国桥梁的类型和演变提供了重要实例。

除了前述作为过渡时代代表的五折边拱形制外，古月桥的拱券做法也具有独特的代表性。中国拱券做法大致可以分为并列，横放并列（或称横联、纵联），并列分节，

7　该桥又名高桥，位于义乌赤岸镇丹溪上，系六孔石拱券结构的石梁桥，清嘉庆四年（1800）由贡生冯邦杰建造，统计为五折边桥，恐有误。

8　表 2-2 中"大桥"和"大桥头桥"系同一座，在义乌市赤岸镇乔亭村，东西横跨在后龙溪上，桥建于清康熙四十八年（1709），为五折边石拱券桥，见图 2-22。

9　浙江省交通厅统计，全省所有折边桥应有千余座。

10　张书桓《浙江宋代桥梁研究》，《浙江省文物考古研究所学刊》，科学出版社，1993 年，320 页。

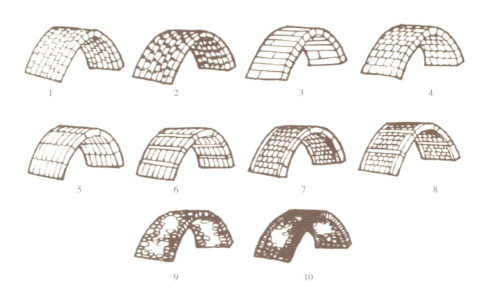

1. 并列　2. 并列榫卯　3. 横放并列　4. 纵联　5. 分节并列　6. 联锁分节并列
7. 银面纵联　7. 框式纵联　9. 乱石　10. 银面乱石

2-23　拱券石砌筑方式一览（图片来源：唐寰澄《中国科学技术史·桥梁卷》，科学出版社，2000年，430页）

11　按照茅以升1979年《桥梁史话》中的分类，"中国拱券分为并列和纵联两大类，并可衍生出分节并列、纵联分节并列、镶边纵联、框式纵联等"。1978年《中国古桥技术史》编写委员会成立，茅以升任主编，在1985年成书时，将"纵联"改为"横联"，称为"中国传统石拱拱券的排列方法，基本上是并列和横联两大类，而后派生出其他变化的类型"。此后由于容易产生混淆，2000年中科院组织编写《中国科学技术史·桥梁卷》时，主编唐寰澄（同时也是《中国桥梁技术史》副主编）将分类改为："拱券的砌筑方法，逐步有所改进，为：并列、并列榫卯、横放并列、纵联、并列分节、联锁分节并列、纵联银面、框式纵联、乱石、银面乱铺等方法"。按照上述三种分类，古月桥拱券砌筑方法分别被称为"纵联分节并列""横联分节并列""联锁分节并列"，在本书中，统一采用2000年版称谓，即"联锁分节并列"。

12　茅以升称为"横条石"。

框式纵联、乱石、银面砌筑等几类[11]。其中并列是由独立拱券栉比并列而成，各个拱券之间并无联系，靠拱上勾石及腰铁等其他措施相连，因此横向联系较为薄弱，全拱容易松动。而横放并列（或称横联、纵联）则是横向交错比砌，券石在其中起到压紧联系的作用，使得桥身的整体性增强、稳定性增加。古月桥正是属于这种做法，但其不同于常见的镶边联系（北京颐和园玉带桥、山西晋城永固桥等）或框式联系（北京卢沟桥、浙江金华通济桥等），而是采用了富有创造力的分节并列做法，即将诸拱板分节，插入桥全宽的横锁石[12]，横锁石与券石之间有榫卯连接。这种加强横向联系的方法，多见于江浙一带石桥，既简单又巧妙，同时富有地方特色。在此基础上，古月桥的联锁分节并列做法更为因地制宜，采用桥2/3宽度的横锁石代替了全宽石，并以错位方式插入并列拱券内，一方面满足了整体性和稳定性的需求，另一方面

2-24　北宋《清明上河图》中的虹桥（编木拱桥与石构折边桥形制类似，存在技术上的交流或传承）

也具有一定灵活性，同时成本更低。

因此，除了折边桥这一过渡形制的典型意义外，古月桥也是宋代柔美、淡雅审美情趣的体现，更重要的是其折边做法和拱券形式都展现了极高的科技水平、因地制宜的匠心和精妙的设计工艺。

（二）古月桥价值评估

1. 历史价值

古月桥建于南宋嘉定六年（1213），有确切的纪年题刻。其为石结构折边形拱桥，拱券的构造为五边形肋骨拱，拱骨之间填以块石，与明清时期的密排折边拱壁不同。折边形拱券结构肇始于汉代，滥觞于两宋，并在此时大量运用于桥梁建筑中。此后，其被密排折边拱壁的拱桥所代替，逐渐消失，仅在浙江以及闽北地区有所保留。古月桥是目前所知时代最早的肋骨拱拱券结构的折边形石拱桥，具有独特的典型性和代表性，佐证了南宋桥梁史、中国桥梁史，为研究中国桥梁的类型和演变提供了重要实例。

2. 艺术价值

古月桥风貌古朴、造型别致，是宋代柔美、淡雅审美情趣的体现，具有较高的审美价值。

3. 科学价值

古月桥采用拱形折边形制，相较于前代的梁式桥是极大的飞跃，由于拱形结构和重力的向地作用，古月桥未采用任何连接构件，就使得石块、石梁之间保持紧密，桥身稳固。且折边拱还使得桥身下保有较大的空间，有利于汛期泄洪。该桥的建造与结构体现了极高的科学性，为研究宋代科技发展水平提供了有力的证据，对研究南宋科技史和古代桥梁史有重要价值。

4. 社会文化价值

古月桥是义乌重要的文化遗产，也是浙中地区具有代表性的遗产之一，是该区域桥梁建造技艺的重要见证。作为浙江义乌地区的重要文化资源组成部分，古月桥与黄山八面厅等一同成为带动该地区旅游经济发展的资源之一。

古月桥是雅治街社区最重要的标志建筑，是该区域村民"乡愁"最重要的寄托，也是全体义乌人民热爱家乡和家乡自豪感的重要载体。

勘察研究

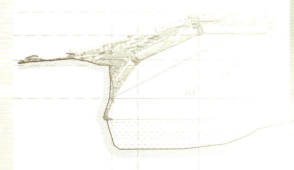

在本次勘察中，为了更清晰、直观地了解古月桥的构造状态，同时厘清病害机理，工作组采取了多种科技手段相结合的方法进行研究，包含三维激光扫描、宏观与微观结合的本体检测、现场与模拟相结合的力学检测，以多种方法结合，对桥体保存状态做出了综合判断并加以印证。

（一）测绘扫描

古月桥的三维信息采集采用三维扫描的方式，即采用三维激光扫描设备对古月桥进行非接触精确扫描。根据现场作业情况，尽可能完整地获取古月桥本体、河岸以及周边环境的三维几何信息。在三维模型的基础上，进行构造做法的研究和结构残损分析。

测绘扫描工作开始于 2014 年，综合比较当时国内外三维扫描设备中精度、稳定性、扫描效率，并结合现场的作业条件，选用了 FARO Focus 3D × 330 三维激光扫描设备。

3-01　扫描设备

1. 设备性能

该设备每秒获取 12.2 万 ~ 97.6 万个点的速度获取三维空间点，测距范围 0.6 ~ 330m，最小点间距 1mm，单点测量误差不超过 2mm，能够准确地表现桥身石质风化，桥底层条石、横锁石的缺失、裂隙等残损病害。同时，双轴补偿精度 0.015°，能从水平和垂直方向上控制整体坐标系，满足对桥体和环境的测量要求。

测绘分为外业现场扫描和内业数据处理两部分。

2. 外业扫描

工作环节为扫描站布设→标靶布设→现场扫描→数据检验→补充扫描。扫描站点设置在桥面上、桥下脚手架上和桥下河岸上。共扫描 26 站，桥上 7 站，桥下 19 站，数据量 2G，外业扫描人员 2 人，工作时间 2 个工作日（包括搭建脚手架时间）。

3-02　古月桥扫描工作现场

3-03　点云模型

各扫描站点分布如下图所示：

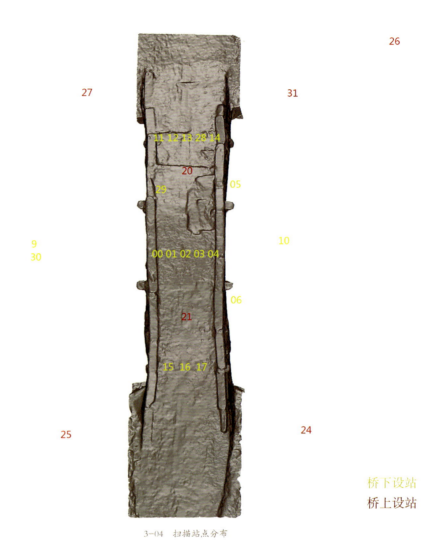

3. 内业数据处理

处理过程包括以下环节，即点云拼接→检验数据→点云优化→成果输出。

点云拼接：点云拼接是基于 GPS、高度计、倾角仪、重叠度、特征点将多站不同坐标系数据转换到同一坐标系下。各站数据经过拼接后形成统一坐标三维点云模型。点云整体误差不超过 4.12mm，即在点云误差最大处的误差不超过 4.12mm。

检验数据：检验拼接后数据，多次修正，直到精度符合要求为止。

点云优化：去除多站拼接后的冗余数据、扫描过程中的噪声数据，形成完整的点云模型，有效范围内平均点间距 2mm。

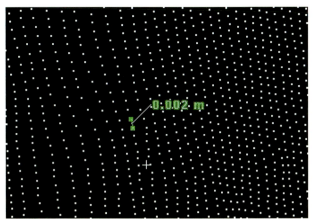

3-05　点云点间距测量

　　成果输出：将三维点云模型以通用格式输出，便于后续的数据处理与分析。输出的点云数据建模后，生成古月桥三维模型。

3-06　模型仰视图

3-07　扫描轴测图

本次对古月桥的三维扫描，扫描工作的难度为中等，主要困难为桥下河面上无法设站，需在河面搭建脚手架。工作人员在脚手架上的轻微移动，也会造成脚手架和扫描设备晃动，影响扫描工作效率。实际工作过程中，以单人操作扫描仪，并在扫描过程中保持静止，以减少脚手架晃动可能产生的误差，最终取得了精确的扫描测绘结果。

表3-1　古月桥单站扫描范围表

扫描站位号	站位位置及关注区域
00	桥底脚手架顶，桥底面中间部分肋骨石间数据
01	桥底脚手架顶，桥底面中间部分肋骨石间数据
02	桥底脚手架顶，桥底面中间部分肋骨石间数据
03	桥底脚手架顶，桥底面中间部分肋骨石间数据
04	桥底脚手架顶，桥底面中间部分肋骨石间数据
05	桥底脚手架顶，桥身侧面文字部分
06	桥底脚手架顶，桥身侧面文字部分
09	龙溪下游河滩，桥身侧面整体
11	桥下河滩处，桥底面水少端肋骨石间数据
12	桥下河滩处，桥底面水少端肋骨石间数据
13	桥下河滩处，桥底面水少端肋骨石间数据
14	桥下河滩处，桥底面水少端肋骨石间数据
28	桥下河滩处，桥底面水少端肋骨石间数据
29	桥下河滩处，桥底面肋骨石间数据
10	脚手架侧面延伸处，桥身侧面
15	桥底一端脚手架上，桥底肋骨石
16	桥底一端脚手架上，桥底肋骨石
17	桥底一端脚手架上，桥底肋骨石
30	龙溪下游河滩，桥身侧面整体，用于拼接
27	桥身外西北角，桥身侧面及桥面
31	桥身外东北角，桥身侧面及桥面
24	桥身外东南角，桥身侧面及桥面
25	桥身外西南角，桥身侧面及桥面
20	桥身上北侧，桥身北侧桥面及桥顶面
21	桥身上北侧，桥身北侧桥面及桥顶面
26	河岸东侧15米处，桥身侧面

（二）构造做法及建筑特征

1. 构造做法

古月桥为火山角砾岩建造的折边形石拱桥，采用单拱联锁分节并列砌置法构筑。桥体呈西南—东北走向，桥身分四层砌筑而成。

作为主要承重结构的桥身底层，由六列肋梁组成五边形折拱形制，每列石梁五根，拱段之间以横锁石相连，横锁石上凿出凹槽，使拱条石与横锁石紧密相接。同时，为了使桥整体保持一定的灵活性，横锁石并非贯穿整体六列石梁，而是以每排两根、错开排列的方式，连接六列石梁。如下图所示，以两侧拱段最端头轴线和横锁石轴线自西向东依次编号为1、2、3、4、5、6，并排六根拱段以轴中心线由南向北依次编号为A、B、C、D、E、F。横锁石现将其依次编号为G1、G2、G3、G4、G5（G代表拱段），下图红色为2、3、4、5位置两根横锁石相接位置。

下游方向

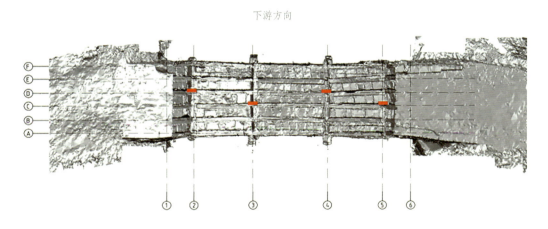

3-08 轴线示意图

桥身第二层为铺设于承重层上的底板层，系用石板在石梁之间垂直桥身方向平铺而成，可称横铺石。从桥下仰视，通过拱条石的间隙可以看出，每段间隙上的条石规格和数量都不相同。全桥共铺设底板条石148块。桥身第二层底端（即靠近基础处）用条石竖直铺砌。

桥身第三层为底板层之上的填充层，由大小不一的碎石、黄土填充而成。

桥身第四层为填充层上的桥面层，桥面为条石和沙泥填敷铺作而成。该层中央甬路铺有长条石，折拱横锁石位置垂直于桥身方向铺有阶条石。桥面中部横铺条石，其余桥面部分铺设不规整的块石，块石一般采用直铺形式。桥面条石部分损毁，后以鹅卵石和泥沙补砌。桥面两侧铺有压阑石，桥中间一跨的东西两侧设牛头石，凸出桥身压阑石位置150～200mm。底板层、压阑石之间留存少量的灰浆，材料主要为本地火山灰。

在桥中央一跨东南外侧的拱条石（A34，即拱顶肋梁条石）上，自东北向西南刻有"皇宋嘉定癸酉季秋闰月建造"的题记，楷书阴刻。

3-09 第二层桥面底板　　　　　3-10 第三层填充及第四层桥面

2. 基本尺寸

桥全长 31.2m，桥面两侧宽约 4.85m，中部宽 4.45m，东西两侧引桥各为 8.1m，坡度约为 25°。底拱长 14.98m，自起拱处至拱最高处为 3.99m，按照宋代一尺约合 312mm 计算，整桥为 10 丈，引桥部分约 5 丈，桥体部分约 5 丈。桥身轴线跨度 48 尺，与起拱处至最高处约 12 尺，恰为底与高之比为 4：1 的等腰三角形。结合宋代造桥技术特点，该三角形应与古月桥建造之初的放样关系相合。

各部分及构件具体尺寸如下。

（1）桥基

古月桥东北桥基不存，根据考古探查显示，基础做法与西南桥基基本相同。古月桥两头的基础均设在红砂岩层上。桥基根据其所处位置，分成两部分，桥下的为墩台，桥两边的为围护基础。

墩台分六层。底层为九块不规则的红砂岩大石块铺在岩层上，沿桥身方向比第三层凸出 600 ~ 800mm；第二层为大小不一的条石垂直于桥身方向横砌或填充在底层石块之间的空隙上，形成规整的平面；第三、四层为规整条石垂直于桥身方向横铺，其中第三层条石自西向东共 6 块，分别为 400mm×200mm、1320mm×200mm、1180mm×200mm、1540mm×200mm、400mm×200mm、570mm×200mm；第四

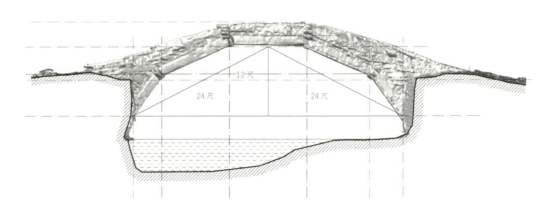

3-11 跨度与拱高比例关系图

层条石自西向东共 4 块，分别为 780mm×240mm、1850mm×240mm、1960mm×200mm、820mm×200mm；第五层为规整条石平行于桥身方向纵铺，自西向东共 10 块，分别为 490mm×270mm、360mm×270mm、450mm×270mm、490mm×270mm、540mm×270mm、510mm×270mm、450mm×270mm、500mm×270mm、550mm×270mm、500mm×270mm。第六层为规整条石垂直于桥身方向横铺，自西向东共 3 块，分别为 1900mm×280mm、1300mm×280mm、1300mm×280mm。

围护基础底层做法和高度与墩台相同，底层以上为大小不一的条石铺砌。东侧围护基础又明显分两层，下层（包括底层）高度为 2m，上层高 1.2m。下层为原围护基础，上层为后人用不规整的石块错砌。西侧现存围护基础高 2.5m。围护基础两侧为驳岸，驳岸各长 30m，于 2004 年 10 月整修。

（2）埋水

桥身前后水中零散堆落着一些大小不一的条石，可能是原来古月桥的埋水，但历经河水冲刷，现已无法辨迹。

（3）桥身

横锁石形状大小基本相同，断面呈楔形，上宽 400mm，下宽 300mm，高 600mm。每个拱段均有肋梁 6 根，两端与横锁石相接，横锁石上凿出凹槽，使拱条石与横锁石紧密相连。具体尺寸如下：

表3-2　桥身石梁构件尺寸表　　　　　　　　　　　　　　　　　　　单位：mm

	轴线 A	轴线 B	轴线 C	轴线 D	轴线 E	轴线 F
轴线1~2间石梁	320×520×2780	300×450×2850	350×560×2880	320×480×2820	390×500×2780	290×490×2810
轴线2~3间石梁	310×490×3620	270×560×3550	300×510×3650	270×530×3510	300×500×3500	320×470×3540
轴线3~4间石梁	290×490×3780	340×530×3800	330×520×3820	280×550×3750	310×500×3850	300×510×3800
轴线4~5间石梁	300×450×3770	300×520×3800	290×490×3810	330×480×3850	290×530×3810	260×500×3750
轴线5~6间石梁	290×540×3090	390×500×3090	320×480×3350	350×480×3180	300×500×2780	320×550×3150

桥面层中央铺设石板长 1000mm，宽 450 ~ 500mm；两侧压阑石宽 500mm、高为 400mm。

（三）形变分析

根据扫描实测结果，以 6 列石梁梁底为基准绘制轴线，可得出如下分析。

（1）古月桥两侧基础基本稳定，两侧梁底位置基本处于同一水平线上。

（2）6 列石梁都发生了一定程度的偏移，其中以 E、F 轴线较为严重。

（3）从轴线与目前石梁的纵向形态来看，整个桥体有较明显的收分，即两侧石梁间距较大，越往中央间距越小，使得古月桥在建造之初就保有一定向内的预应力，保持整个桥体的稳定。目前，除 F2 结点以 Z 轴向外偏移较大外，其余部分仍较好地保持着这种从两侧拱脚向中间顶部逐渐收分的形制。

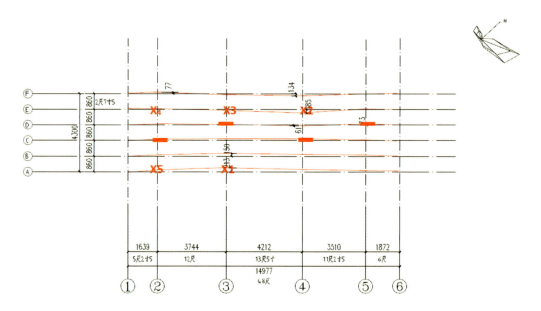

3-12　纵向肋梁偏移及宋尺推算示意图（"—"为两块横锁石交接位置，"×"为横锁石断裂位置）

基于上述分析，根据宋代一尺 ≈ 312mm 计算，古月桥整体及各部分尺寸推算如下：

表3-3　宋代尺寸推算表

	测绘尺（mm）	计算尺寸（尺）	推测丈尺（尺）	推测数据（mm）
桥总长	31202	100	100	31200
桥两侧宽度	4836	15.5	15.5	4836
桥中部宽度	4445	14.25	14.25	4446
桥端头轴线间距	860	2.75	2.75	860
桥中部轴线间距	788	2.52	2.5	780
石梁轴线总间距	4299	13.77	13.75	4290
石梁轴线间距	869	2.78	2.75	858
桥梁总跨度	14977	48	48	14976
拱高	3745	12	12	3744

由表 3-3 可知，根据目前测量尺寸推测，古月桥总长合宋尺 10 丈，其收分应遵循如下规律：两侧最宽处轴线间距应为 860mm，合宋代 2 尺 7 寸 5；桥身最窄处轴线间距应为 780mm，约合宋代 2 尺 5 寸；整体轴线间距由 13 尺 7 寸 5，向内逐渐收分至12 尺 5 寸，桥面宽度由两侧最宽处的 4836mm，约合 15 尺 5 寸；收分至桥中最窄处的4446mm，约合 14 尺 2 寸 5。

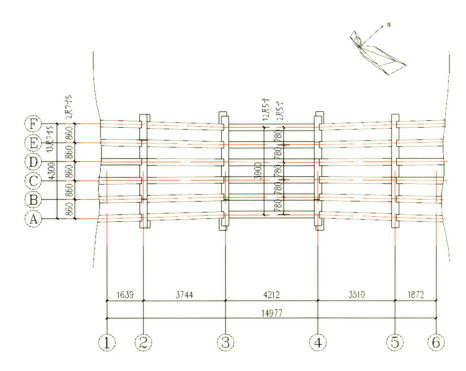

3-13 推测古月桥理想状态下的收分尺寸图

同时，从图 3-12 中也可看出，横锁石断裂部位大多是石梁结点偏移较严重的部分，尤其是 X1、X2、X3 处，从横锁石断裂截面微生物和植物生长情况来看，应较之 X4、X5 时间更早，亦是对横锁石断裂因剪应力集中而断裂原因的佐证。

（四）扫描测绘小结

经过野外三维扫描和内业点云处理工作，获得了目前最精准的古月桥现状模型数据。该模型为后续工作的基础资料。对该模型的处理和测量，有助于更清晰地推算和分析宋代古月桥的建造方式及建筑特征。古月桥共分为四层，石梁与横锁石共同构成了主要的承重层，其上分别是底板层、填充层和桥面层。以桥石梁两侧为相对固定的基点，可以看出桥体有明显的收分。可见有宋一代，在折边桥盛行的浙江一带，古月桥无疑是构造做法因地制宜、构思巧妙的典型例证之一。同时，结合实测数据与宋尺计量，推算出古月桥全长 10 丈，引桥部分约 5 丈，石梁两两之间轴线间距 2 尺 7 寸 5。同时，桥身表

1　根据茅以升《中国古桥技术史》、张扬《桥梁模型试验在宋金时期浮桥建造中的应用》等研究文献，认为在宋代已经有了桥梁模型及试验。

现出明显的收分：两侧最宽处轴线间距应为 860mm（宋 2 尺 7 寸 5），桥身最窄处轴线间距应为 780mm（宋 2 尺 5 寸）；整体轴线间距由 13 尺 7 寸 5 向内逐渐收分至 12 尺 5 寸，桥面宽度由两侧最宽处的 4836mm（约合 15 尺 5 寸），收分至桥中最窄处的 4446mm（约合 14 尺 2 寸 5）。桥体总跨度 48 尺，拱高 12 尺，二者之比恰为 4∶1，应与古月桥建造之初放样或制作模型[1] 的数据相合，可作为今后修缮的依据。

对古月桥宋代原始尺寸的推算，让我们更清楚地了解宋代工匠在石桥建造时的设计方法，桥拱 1∶4 的比例关系和精确的收分关系，让桥体看起来轻盈美观，又蕴含数学逻辑之美。特别是精确的桥体收分，为桥体带来了向内的预应力。虽然古月桥的多处横锁石断裂，但这种智慧的收分做法，使桥体结构保持完整，保证了桥体的稳定性。

高超的设计手法和建造工艺，体现出了古月桥突出的科学价值和艺术价值。

二·精细化勘察及劣化分析

（一）现状勘察分析

在数字化测绘基础上，我们对古月桥进行了精细化勘察，勘察分为宏观和微观两个层面。目前，除了表面生物与微生物病害、石块之间的灰浆缺失外（表 3-4），古月桥桥体的主要威胁为石梁、横锁石的断裂、位移与压溃。同时，桥体风化表现出明显的规律，即两侧风化轻微而中间风化严重。

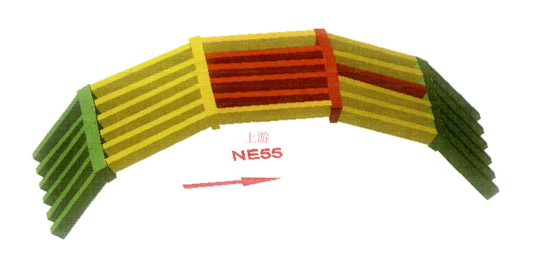

上游
NE55

3-14　宏观勘察对古月桥保存状况的判断
红色：严重风化，黄色：中度风化，绿色：轻微风化
（图片来源：中国矿业大学力学建筑学院、中国地质大学工程技术学院
《义乌宋代古月桥稳定性评价及防护对策研究》，2004 年，17 页）

表3-4 石梁残损状况表

石梁编号	主要残损	保存状况
A12	轻微微生物	基本完好
B12	轻微微生物	基本完好
C12	整体表面风化、泛盐较严重	较差
D12	两侧靠底部有较明显风化	中度
E12	底面有裂隙	较好
F12	轻微微生物	基本完好
A23	底面有微小裂隙，南侧面存在微生物病害	轻微
B23	有较多生物、微生物病害，北侧面表面风化	中度
C23	两侧有微生物病害	轻微
D23	整体有比较严重的微生物病害和表面风化	中度
E23	东侧泛盐	中度
F23	西侧大部分泛盐严重	中度
A34	较严重微生物病害	中度
B34	水蚀和微生物病害严重	较差
C34	微生物和水蚀病害严重，石梁存在贯穿性裂痕	较差
D34	水蚀和微生物病害严重	中度
E34	较严重微生物病害、局部缺失	较差
F34	较多微生物和植物病害	中度
A45	局部裂隙	较差
B45	表面风化和微生物病害较多	较差
C45	侧面较严重微生物病害，底面风化	较差
D45	局部水蚀，两侧较多微生物病害	较差
E45	局部水蚀，较多微生物病害	较差
F45	局部风化及微生物病害	中度
A56	微生物病害	中度
B56	水蚀较严重	中度
C56	有裂隙	中度
D56	水蚀痕迹	轻微
E56	微生物病害	轻微
F56	存在表面风化	轻微

就表面残损情况来看，桥体整体结构目测基本稳定，桥台和两侧桥基经过修缮，较为稳固。就桥身各构件来说，作为主要承重结构的石梁中，位于桥体中央34轴线之间的6根梁风化严重，位于23轴、45轴位置的12根梁风化程度较严重，位于端头的12根梁风化程度稍轻。横锁石保存状况为：位于2、3、4、5轴线处的8根横锁石有5根断裂；位于2轴位置的横锁石表面有较严重的微生物病害及风化泛盐，两根横锁石相接处有缺失；位于3轴线处的横锁石有一定的微生物病害；位于4轴线处的横锁石有较多微生物病害，相接处有缺失；位于5轴线处的横锁石微生物病害及表面风化泛盐较严重。桥底面石板多有较严重的微生物及植物病害，东南侧石板有水蚀痕迹。位于23E和23F之间的底板石缺失，漏出较大空洞。底板石局部有细小裂隙。桥身由大小不一的石块填成，结构没有垮塌现象，但出现了不同程度的风化，石板间和中间填充层黄土已基本流失，石缝中有大量植物根须生长。桥体表面多处生长有植物。桥面石板缺失较多，靠近西北侧、南侧和中部均有不同程度的缺失、断裂。桥身压阑石北侧基座西段缺失，中、东段有较多微生物病害；南侧压阑石基座东段有较严重微生物病害。桥身东侧石梁镌刻题记"皇宋嘉定癸酉季秋闰月建造"，其中"皇""宋""嘉"三字有明显微生物病害，其余表面有风化。此外，整个桥体植物和微生物病害严重，杂草丛生，几乎将表面全部覆盖。由于灰浆层的普遍缺失，桥体整个漏水状况严重，桥身内部湿度较大，也加速了劣化的发生。

3-15　榫卯错位　　　　　　　　　3-16　微生物病害

3-17　梁头压溃

3-18　梁头压溃与横锁石断裂

3-19　横锁石残损

3-20　横锁石断裂

　　纵肋梁主要承受压力，大部分呈现弯剪状态，因此有较多两端被局部压溃，分布张拉裂纹。同时，由于非均匀的风化、压溃、压裂等影响，造成石梁压力方向发生错位，加剧了拱的结构变形，使得桥身整体向上游方向倾斜，出现一定程度的扭闪错位，石梁处于偏心受压或偏移状态。

　　横锁石既是同一承重石拱内石梁之间的连接件，又是连接6列平行拱的结构，起到加强桥的整体性能的作用。全桥共设4列与肋梁垂直的横锁石，每列原由2根条石对接而成，中间无连接结构。由于结构变形与受力不均衡，使得多数横锁石被完全折断，并出现位移、歪闪、错位现象。全桥8根横锁石中有5根被完全折断，断裂面两侧距离均超过10mm，最大的已达60mm，断裂面与横锁石轴线近似垂直，一般出现在承重石梁与横锁石接触面的一侧；1根已出现2mm宽的裂纹，裂纹与横锁石轴线接近垂直；其余横锁石保存较好。在断裂面处均出现压溃。从横锁石裂纹处的形态及表面病害来看，推测轴线3、4处4根横锁石断裂时间较早，而轴线5处横锁石断裂时间较晚，轴线2处横锁石未断裂，这也与风化现象越往中央越严重的趋势相符。

3-21 F23 梁头压溃、截面变小且轴线错位　　　　　　　　　　　3-24 轴线 2、3 间的桥体及石板缺失

3-22、23 E4 处横锁石断裂情况，轴线 5 处横锁石断裂、错位情况，轴线 3 横锁石断裂整体情况

3-25 桥体整体植物生长

　　结合中国矿业大学和中国地质大学 2004 年所做《义乌宋代古月桥稳定性评价及防护对策研究》中的严重风化区几何参数表，以及岩样单轴压缩变形试验表，可以分析得出，古月桥目前风化表现出差异性。一方面，桥中央部位较严重，越往两侧越轻微；另一方面，单根石梁、横锁石，端部的风化程度比中间的严重（局部风化深度已达 100mm）。前者主要由于古月桥桥面未做防渗处理，桥面填土厚度从中间向两边逐渐变厚，中间渗水较两侧严重；后者由于端部存在较严重的应力集中，容易出现明显的压溃及压裂

现象。因此，石梁和横锁石连接端部既是应力破坏的严重区，又是化学风化的严重区，也与微观检测分析结果端部的波速较低的结果一致。同时可以明显看出，风化对条石的力学性质有较大影响，条石内部受风化影响轻微部分的单轴抗压强度均在 80MPa 以上，弹性模量大多在 15GPa ~ 16GPa，条石侧面或端部强风化部位的单轴抗压强度为 20MPa ~ 30MPa，弹性模量为 6GPa ~ 9GPa。肋梁端部以及横锁石与肋梁接触面附近的单轴抗压强度及弹性模量明显低于远离端部的部分，条石端部应力集中的长期作用也是造成材料力学性质显著降低的原因之一。

（二）微观检测分析

为了研究石材的特质、病害的情况、内在机理及对桥整体结构的影响，工作组取得岩石、苔藓、石灰、附近土壤共 18 个样品，采用如下六种实验方法对样品进行分析，以期获得石材的特质、病害机理以及微观和宏观之间的内在联系。

表3-5　取样情况表

编号	取样位置	照片	描述	目的
YWGYQ-1	桥东南侧底部		石块之间的石灰灰浆	观察结晶形貌和掺杂物，从微观角度探知强度
YWGYQ-2	桥东南侧底部		桥底石块上附着的土	检测可溶盐与硫酸钙结壳
YWGYQ-3	桥东侧底部		石块上的浅绿色地衣	微生物鉴定
YWGYQ-4	南侧桥拱上部		桥体石构件上破碎的石块	研究本体风化情况

编号	取样位置	照片	描述	目的
YWGYQ-5	桥底侧面，4号样品上面		微生物	微生物及生命活动产物鉴定
YWGYQ-6	中间底部		石构件之间的石灰灰浆	观察结晶形貌和掺杂物
YWGYQ-7	桥拱中间底部岩石表面		黑色微生物	微生物鉴定
YWGYQ-8	北侧桥拱靠近底部		风化成碎末的岩石	研究本体风化情况
YWGYQ-9	南侧底部		桥底绿色的苔藓	微生物鉴定
YWGYQ-10	西侧底部		桥底白色块状存在的地衣	微生物以及生命活动产物鉴定
YWGYQ-12			石灰	

编号	取样位置	照片	描述	目的
YWGYQ-21	桥东部引桥北侧面		石构件表面绿色苔藓，在阴暗处	微生物鉴定
YWGYQ-22	桥北侧桥面上，朝阳		石构件表面黑色微生物，在向阳处	微生物鉴定
YWGYQ-23	桥西侧砖石		石桥面上灰白色地衣，在向阳处	微生物鉴定
YWGYQ-24	桥面北侧		石构件表面浅绿色微生物	微生物鉴定
YWGYQ-25	桥面南侧		石构件表面灰色地衣	微生物鉴定
YWGYQ-26	桥面		桥面草类下面的土壤	含盐量检测
YWGYQ-28	桥周边		土壤	周边土壤含盐量

本次勘察共采取了五种微观检测方法，主要实验目的、设备及方法见下表：

表3-6　微观检测方法及目的

实验方法	实验目的	设备及方法	样品数量
电子显微镜及元素分析（SEM）	观察样品的表面形貌，通过直观的图像表征风化程度	加装量色散X射线光谱仪（EDS）的QUANTA 200型场发射环境扫描电子显微镜。检测前对所有试样喷碳膜以提高试样导电性。所有无机样品均在高真空度观察，微生物等有机样品均在低真空度下观察。实验获得了每个样品在放大200、500、1000、2000倍后的表面形貌照片，同时利用EDS分析对样品整体及部分点或区域的元素组成进行检测	10
X射线衍射（XRD）	获得样品的矿物成分信息	根据SY/T 5163-2010（沉积岩黏土矿物和常见非黏土矿物X射线衍射分析方法）标准进行。样品均破碎研磨至200目，使用D/max-rA X射线衍射仪对采集的石灰和表面沉积物进行定量检测试验	4
离子色谱（IC）	检测环境土壤中的阴阳离子	使用DX600型离子色谱仪。阳离子检测采用AS14分离柱，流速：1.2ml/min，3.5～1.0 mmol/L NaCO$_3$等度淋洗；阴离子检测采用CS12A 分离柱，流速：1.0 ml/min，20 mmol甲磺酸等度淋洗。检测器为ECD ASRS-ULTRA 自动电化学抑制循环模式，抑制电流：40mA	4
孔隙率测定	判断岩石风化情况	采用压汞法进行孔隙率检测。使用的实验仪器为Autopore IV 9500 V1.09 型压汞仪	3
矿物组成检测	获得样品的矿物组成	用显微镜在自然光、偏光、正交光下对样品的晶体组成进行鉴定	3
微生物检测	微生物种属及特性	由中国科学院微生物所与植物所检测鉴定	4

1. 电镜观察与能谱分析

实验选取 1、5、7、10、12、21、22、23、24、25 号共十个样品进行观察，获取其表面形貌信息。

1、12 号样均为石灰样品,能谱测定其为高纯度碳酸钙。电镜下可见碳酸钙结晶均匀,直径均小于 $1\mu m$。内有少量大颗粒,能谱测定其中硅、氧含量较高,应为二氧化硅掺杂物。另外,石灰晶体之间的孔隙很多,说明有溶蚀现象,溶蚀导致石灰强度降低,影响结构强度。除此,其外表面常出现黏稠状附着物,应为微生物活动所致。这种情况在南方潮湿环境出现,说明潮湿环境下微生物对岩石的影响很大。

Element	Wt %	At %
C K	09.88	18.32
O K	37.52	52.23
SiK	00.90	00.71
CaK	51.71	28.74

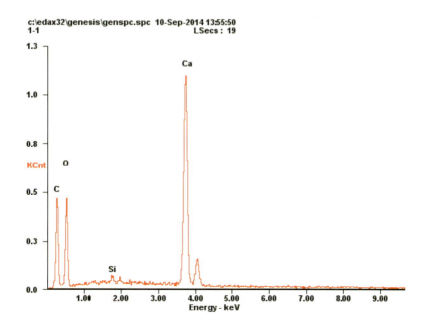

c:\edax32\genesis\genspc.spc 10-Sep-2014 13:55:50
1-1 　　　　　　　　　　　　　　　LSecs : 19

3-26 GYQ1 放大 5000 倍碳酸钙晶（左上）,GYQ1 区域 1 能谱结果（右上、下）

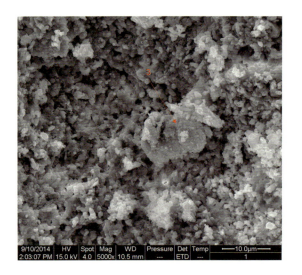

Element	Wt %	At %
C K	08.07	15.69
O K	27.42	40.03
MgK	00.54	00.52
AlK	07.76	06.72
SiK	19.75	16.43
K K	02.27	01.35
CaK	30.08	17.53
FeK	04.11	01.72

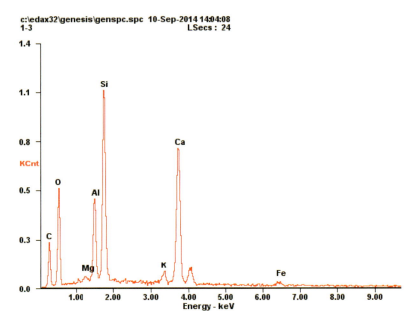

3-27　GYQ1掺杂物放大 5000 倍形貌（左上），GYQ1 区域 1 能谱结果（右上、下）

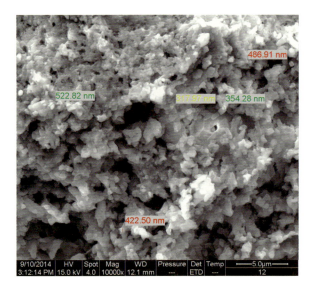

3-28　GYQ12 放大 1000 倍形貌及晶体直径

古月桥保护修缮工程报告 Conservation Project of Guyue Bridge

　　5号样品是风化的岩石，破碎严重，强度很低。高倍率下样品上面有微生物样品，可见样品上有大量丝状、片状、胶装附着物，并散布有微生物残骸，说明微生物存在，并对岩石风化产生影响。

　　7、10两个样品为风化岩石，目测上面有微生物样品，电镜下可见样品上有大量针状、片状、胶装附着物，并散布有微生物残骸。

　　对10号样品的无生物区域进行能谱检测，通过元素组成推测可能含有碳酸钙、硫酸钙。

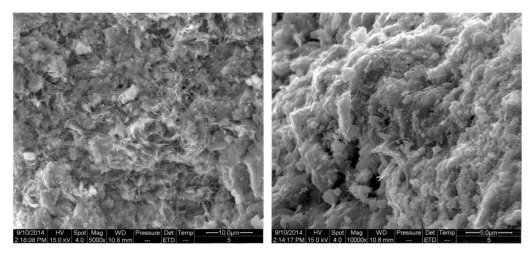

3-29　GYQ5放大5000倍针状附着物、放大10000倍表面形貌

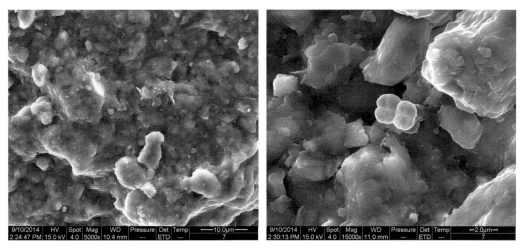

3-30　GYQ7放大5000倍表面胶状附着物、放大15000倍微生物表面形貌

3-31　GYQ10 放大 1500 倍表面微生物残骸、放大 3000 倍无微生物区域形貌

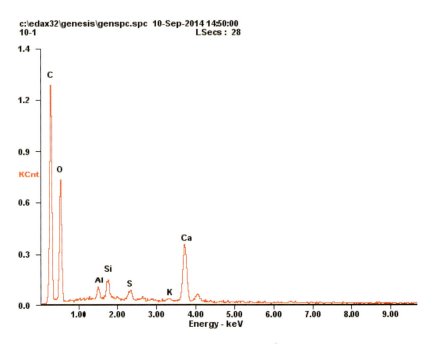

3-32　GYQ10 区域 1 能谱结果

　　21 ～ 25 号样品均为苔藓、藻类和地衣，将结合取样照片、电镜照片与光学显微镜照片对其种类进行鉴定，鉴定结果将在微生物鉴定部分详述。

　　电镜观察岩石样品风化结果与宏观勘察保持一致，位于中央部位的 5、7 号样品风化程度较之两侧的 1、12 号深。

2. XRD（X 射线衍射）分析

选取 1、5、10、12 号样品进行 XRD 分析，结果见下表：

表3-7　X射线衍射分析结果

样品号	样品情况	方解石	石英	斜长石	微斜长石	云母	石膏	草酸钙石
GYQ1	灰浆	81%	11%	5%	3%	–	–	–
GYQ5	风化的岩石	3%	38%	57%	–	2%	–	–
GYQ10	带地衣的岩石	–	36%	48%	–	2%	7%	7%
GYQ12	灰浆	95%	2%	–	–	–	3%	–

可见 1、12 号样品为掺杂少量石英的石灰；5 号样检出大量斜长石，为桥体强烈风化后的表面样品；10 号检出 7% 草酸钙，有可能为生物活动产生。

该检测结果与宏观勘察保持一致，1、12 号位于桥两端，还存留有石灰，5 号靠近中央，石材已强烈风化，且无石灰存留。

3. 孔隙率测定

取 6、8、11 号三个样品进行压汞孔隙率测定，结果见下表：

表3-8　压汞测试结果

样品号	平均孔径（nm）	容积密度（g/ml）	表观密度（g/ml）	孔隙率（%）
GYQ6	38.7	2.3690	2.6250	9.7703
GYQ8	27.4	2.3183	2.5973	10.7658
GYQ11	32.0	2.3103	2.5736	10.2375

从孔隙率测定的结果来看 8 号样品风化最严重，与宏观勘察结果一致。

4. IC（离子色谱）分析

表3-9　离子色谱分析结果

无机阴离子	名称	Cl⁻ 样品量 mg/kg	NO₃⁻ 样品量 mg/kg	SO₄²⁻样品量 mg/kg
	GYQ26	41.53	32.11	59.02
	GYQ28	42.53	25.86	111.21
	GYQ 5	288.24	387.77	556.88

无机阳离子	名称	Na⁺ 样品量 mg/kg	K⁺ 样品量 mg/kg	Mg²⁺ 样品量 mg/kg	Ca²⁺ 样品量 mg/kg
	GYQ26	18.85	42.99	0.02	3.50
	GYQ28	23.57	20.48	0.01	2.91
	GYQ 5	228.83	184.89	132.08	1014.74

取自桥体中部灰浆的 5 号样品硫酸钙含量百分比较高，远远高于桥面和周围的土壤，石灰可能发生较严重的硫酸化，与宏观环境下渗水严重的情况一致。28 号样品可溶盐含量不高，钙离子含量很低，但硫酸根离子比例较高，可能对桥体表面的硫酸钙形成有一定影响。

5. 矿物组成鉴定（薄片）

根据分析，所取的三个样品均为火山角砾岩，且都有风化的情况。各个样品的分析结果如下。

（1）GYQ4

其是从桥拱的下部取得的岩石样品，坚硬，颜色为灰色偏红。

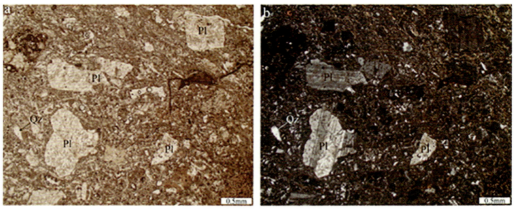

3-33　GYQ4 图（左，单偏光；右，正交光），Pl- 斜长石，Qz- 石英

古月桥保护修缮工程报告　Conservation Project of Guyue Bridge

分析鉴定结果为火山角砾岩，角砾粒径从 2 ~ 4mm 不等，分为岩屑和晶屑。岩屑多样，但多已经发生蚀变，无法判断原岩，只可见到岩屑中斜长石颗粒和黑云母颗粒。斜长石大多仍保留了明显的聚片双晶，但多已发生碳酸盐化。角砾之间由火山灰物质胶结，0.2 ~ 0.6mm 之间的晶屑散乱分布在基质中，晶屑中除大量的斜长石外还有一定量的石英颗粒。

样品发生较强的蚀变作用，斑晶大小不等，形状各异，钾长石高岭土化，斜长石绢云母化，并有明显的方解石化，可能在近地表处经受了较强的风化作用。斑晶排列杂乱，并没有定向。

样品有强烈的风化情况，与现实的情况一致。其所处的位置为构筑石桥的条石的垂直面和下平面的转角处。该处由于桥面的裂缝打开，降雨的时候雨水能达到条石的垂直侧面，使表面润湿，水流大的时候水还可流动，循环作用导致条石垂直面和下平面转角处的岩石风化。由于岩石有孔隙，水分可渗透到内部，导致表面层的溶蚀。

 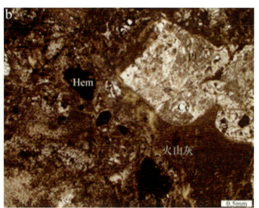

3-34　GYQ6 图（单偏光），Pl- 斜长石，Qz- 石英，Hem- 赤铁矿

（2）GYQ6

6 号样品为取自桥东侧石块之间的碎石，样品坚硬、致密，难以破碎。

经过鉴定，样品为火山角砾岩。角砾主要是斜长石，粒径从 0.5 ~ 3mm，可见到斜长石中明显的聚片双晶，斜长石多发生方解石化，部分斜长石完全蚀变呈方解石。此外，还有一些石英晶屑，粒径从 0.4 ~ 1mm。胶结物质为褐色的火山灰。此外，还含有少量的磁铁矿。

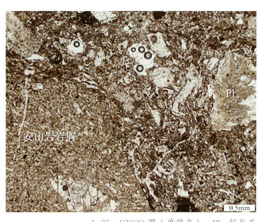

3-35　GYQ8 图（单偏光），Pl- 斜长石

（3）GYQ8

样品为取自桥拱顶部偏北的风化岩石，表面有破碎情况，且有微生物生长。

经过鉴定为火山角砾岩，主要是安山岩岩屑，粒径从 2 ~ 9mm。安山岩屑中的斜长石斑晶多呈自形晶结构，碳酸盐化强烈，粒径从 0.4 ~ 1.2mm。此外，还有一定量的晶屑，多为斜长石，粒径从 0.4 ~ 1.2mm。胶结物为褐色火山灰，部分火山灰有脱玻化的现象。

该组成鉴定结果与宏观勘察一致，8 号样品为风化最严重的岩石，岩屑粒径大，胶结物已有脱玻化现象。

6. 微生物鉴定

10 号样品为粉末状，灰白色，解剖镜下绿色藻类清晰可见，为癞痢衣属（Lepraria）的种类。因样品量少，具体种类难以确定。

23 号样品为叶状地衣，上表面灰绿色，有裂芽；下表面黑褐色，具假根，属于梅衣科黄梅衣属（Xanthoparmelia）的种类，可能为 Xanthoparmelia Mexicanan (Gyeln.) Hale，淡腹黄梅，但标本的腹部颜色较深。

24 号样品呈绿色，粉末状，为癞痢衣属（Lepraria）的种类。结合电镜照片，可能为 Lepraria incana (L.) Ach. 灰白癞屑衣。

25 号样品具有黑色子囊盘，结合电镜照片，鉴定为茶渍科茶渍属（Lecanora）的种类。

上述三种属的地衣均为南方潮湿环境下的典型品种，且以茶渍属为代表，非常适宜在沉积岩上生长。其与真菌存在共生关系。这也与通过扫描电镜观察到表面分布有大量真菌菌丝的情况相符。真菌分泌地衣酸使岩石产生裂缝，产生矿物质提供给地衣；地衣将新陈代谢产生的有机物供给真菌维持生命，这些生物活动产生的有机酸可能使桥体表面形成了少量比碳酸钙、硫酸钙更难溶于水的草酸钙结晶，XRD 检测也证实了这一点。该过程加剧了石材的风化，对桥体安全性造成了威胁。

（三）病害致因分析小结

综上所述，结合微观样品的检测发现，古月桥桥体所用石材为火山角砾岩。火山碎屑岩一般强度较好，但胶结物成分和胶结类型对物理性质影响显著，如硅质基底式胶结的岩石比泥质接触式胶结的岩石强度高、孔隙率小、透水性低。另外，碎屑的成分、粒度等对其耐候性亦有影响，如石英质的砂岩和砾岩比长石质的砂岩为好。古月桥桥体所用火山碎屑岩胶结物为火山灰，为硅铝基底胶结物，耐风化能力强，对酸碱均有一定耐受性，强度较高。碎屑分为岩屑与晶屑，能鉴定出的岩屑包括玄武岩、安山岩和硅质岩，其余均发生强烈蚀变无法辨认；晶屑以长石为主，部分样品含有少量石英。长石化学本质为不同种类的硅酸盐，大小在 0.5 ~ 9mm 不等。样品中的晶体均发生了不同程度的碳酸盐化和水解，使钾长石高岭土化，斜长石绢云母化，强度下降，同时孔隙增大。

微观分析也印证了宏观勘察的结论，即越往桥中央风化越严重，靠近两侧风化程度较轻。风化程度较轻的样品中岩屑和晶屑发生不同程度的蚀变，而在宏观破坏最严重的样品（GYQ8 为北侧底部风化成碎末的岩石）胶结物也发生蚀变，发生脱玻化，导致石材强度进一步降低。另外，桥体灰浆碳化完全，碳酸钙结晶均匀，但结晶体较细小，石灰块孔隙少而质地均匀，内部有少量二氧化硅掺杂物。从微观形貌判断，石灰质量较好。但是石灰的空洞较大，说明也存在被溶蚀、风化的情况。

古月桥石构件发生化学风化的主要原因是桥面渗水、微生物及植物生长，加之通风条件较差，建筑材料长期处于阴暗潮湿的环境，由水、微生物的共同作用导致。具体过程可能遵循这样的步骤：浅表碎屑（包括长石类晶屑以及安山岩类岩屑）首先发生蚀变，在水与二氧化碳的作用下发生碳酸化，晶体结构改变；碳酸化的碎屑在水与空气（表层可能还有微生物作用）作用下溶蚀，孔隙和通道增大，进一步促进内层碎屑溶蚀；硅质胶结物在风化过程中则缓慢发生脱玻化，岩石结构进一步破坏。因此，压汞法测得桥体石材孔隙率在 10% 左右，高于一般火山角砾岩 2% ~ 9% 的孔隙率；表观密度均在 2.5g/ml 以上，容积密度和表观密度差值均在 0.2g/ml ~ 0.3g/ml，也明显的表征出风化特征。岩石表面有草酸存在，这是该处微生物活动的结果，潮湿环境下微生物分解含有钙的岩石，将其转变为草酸钙，这也是古月桥岩石遭到风化破坏的重要原因之一。

除风化（包括微生物、植物病害）这一主要威胁之外，主要桥体表面有结壳和泛盐现象，取样经 XRD 检测后发现石材表面结壳和析出盐分主要成分为硫酸钙，也有少量的草酸钙，这是碳酸钙经常发生的现象。碳酸钙在水的作用下出现溶解现象，Ca^{2+} 出现迁移，然后在温度高的地方重新形成碳酸钙沉淀物，或者是与空气中的硫化物反应形成硫酸钙，也有可能与空气污染有关，灰浆在空气中的二氧化硫和氧气的作用下转变为溶解度和耐酸性较高的硫酸钙。桥体本身的晶屑发生碳酸化，首先形成碳酸盐类，进一步转变为硫酸钙。离子色谱显示周边土壤可溶盐含量不高，但发现硫酸根相对含量较高，这可能对硫酸钙结壳的形成也有促进作用。

（一）2004年结构分析

《义乌宋代古月桥稳定性评价及防护对策研究》[2]中，研究者采用有限元方法对古月桥结构稳定性进行了计算。数值计算时将纵肋条石和横锁石作为连续体考虑，横锁石与纵肋条石接触处按接触面考虑，接触面处允许滑动、转动和压缩变形，其上可作用压应力和摩擦力但不能承受拉应力，整个承载结构上共设置48个接触面。数值模拟计算采用拉格朗日有限差分方法，其基本方程组和边界条件（一般均为微分方程）近似地改用差分方程（代数方程）来表示，即由空间离散点处的场变量（应力、位移）的代数表达式代替。这些变量在单元内是非确定的，从而把求解微分方程的问题改换成求解代数方程的问题。

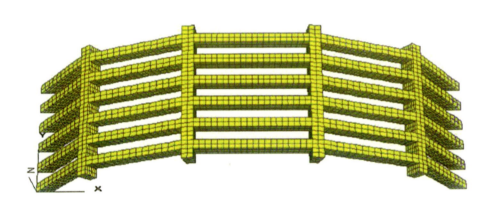

3-36　结构计算模型

2　中国矿业大学（北京）力学建筑学院、中国地质大学（北京）工程技术学院《义乌宋代古月桥稳定性评价及防护对策研究》，2004年。

在数值模拟中，根据现场对古月桥基础的勘察，认为基础相对稳定、没有位移的情况，因此可将纵肋条石与基础接触处看作是固定不动的，计算模型在此处限制水平位移和竖向位移。

本项目采用三维有限差分计算软件FLAC 3D继续计算。根据宏观勘察结果，风化和横锁石断裂是对古月桥稳定性影响最大的因素，因此一共计算了三种情况下古月桥的结构稳定性。

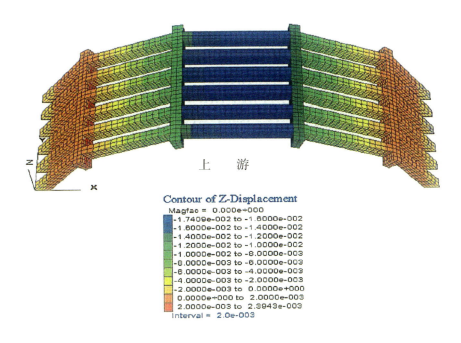

3-37　结构完好情况下承受荷载的竖向位移

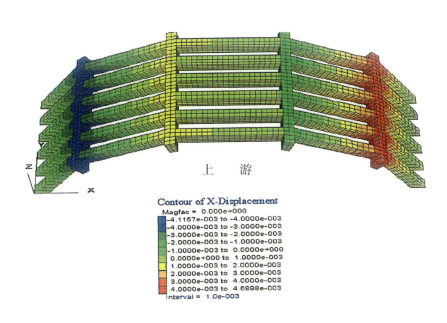

3-38　结构完好情况下承受荷载的轴向位移

由图可见，由于古月桥承载结构具有结构和荷载的对称性，所以其变形也具有对称性的特点，三个方向的位移中竖向位移明显大于轴向和横向位移。竖向位移呈现出由中间向两侧逐渐减小的特点。其决定了古月桥如果在建筑材料未风化、力学性质均匀的条件下，变形破坏的关键部位为拱桥中间的纵肋条石和横锁石。

2. 构件不均匀风化情况下的位移情况

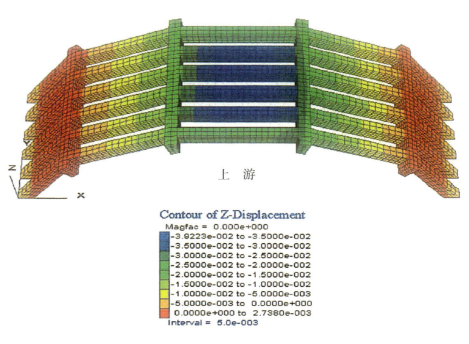

3-39 考虑不均匀风化后的承载结构的 Z 向[3] 位移情况

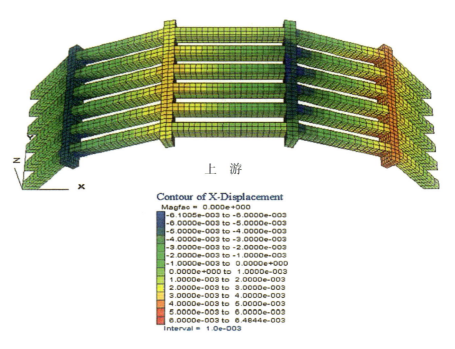

3-40 考虑不均匀风化后的承载结构的 X 向位移情况

考虑桥体的不均匀风化，经过计算发现，纵肋条石与横锁石接触面的压应力仍存在明显的应力集中现象。通过图 3-37、3-38 与图 3-39、3-40 对比可看出，由于建筑材料的差异性风化的影响，接触面压应力集中的区域有所扩大，未风化时仅两侧的横锁石与纵肋条石连接处有明显的压应力集中现象，不均匀风化后，中间两根横锁石两端与纵肋条石接触处也出现了压应力集中现象。此外，接触面的最大压应力也比未风化时略大，未风化时接触面的最大压应力为 2.766MPa，不均匀风化后为 2.846MPa，这说明，古月桥建筑材料的严重风化程度，也是促使纵肋条石端部下侧压溃、出现压张裂纹的原因之一。

3. 同时考虑不均匀风化以及横锁石断裂情况下的构件位移情况

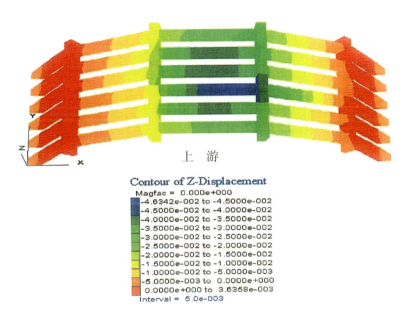

3-41　同时考虑不均匀风化及横锁石断裂后的 Z 向位移情况

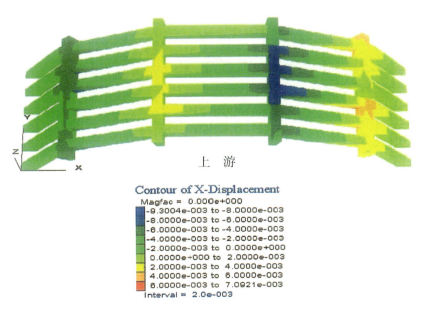

3-42　同时考虑不均匀风化及横锁石断裂后的 X 向位移情况

由上图可以看出，在不均匀风化及横锁石折断共同作用下，古月桥的位移仍以向下为主，但其三个方向的位移均比仅存在差异性风化时略大，这说明，横锁石断裂也是促使古月桥桥身变形的原因之一。由下表也可以看出，横锁石与石梁接触面最大压应力在完好、考虑风化以及同时考虑风化及横锁石断裂三种情况下，桥承载结构位移结果的变化情况。

表3-10 不同工况下古月桥承载结构最大位移的接触面最大压应力

构件情况	Z轴方向位移/mm		Y轴方向位移/mm		X轴方向位移/mm		横锁石与肋梁接触面最大压应力/MPa
	+	−	+	−	+	−	
未风化	2.39	17.40	0.007	0.007	4.68	4.11	2.766
仅差异性风化作用	2.74	39.22	0.67	0.65	6.48	6.10	2.846
横锁石折断与差异性风化共同作用	3.64	46.34	1.37	1.12	7.01	9.30	2.854

（二）2014 年结构试验及分析

本项目中，为掌控当前古月桥结构的承载能力，并对可能的承载力极限进行评估，由现场试验、计算机模拟演算两个步骤完成了对古月桥的结构稳定性分析。现场检测对古月桥的结构概况、应力应变振动影响等情况进行分析，并以此为依据进行计算机模拟演算，得到结构承载力数据并以此进行分析。

1. 现场荷载试验

在进行现场荷载试验（以汽车作为荷载）之前，首先利用对古月桥建立简化模型，并根据模型进行了试验结果的预测。

（1）简化模型的计算

桥梁受力结构主要为下部 6 道石拱梁，上部覆盖的石条及填料并非受力结构，因此仅考虑对石梁进行受力计算。桥面为横条石材，石材刚度非常大，可认为对各条石梁均匀受力，故取单条石梁进行计算。本次计算为估算上部加上汽车荷载后下部石梁的变形情况，仅考虑汽车荷载产生的额外效应，未考虑桥面和填料荷载。

材料参数如下：

截面尺寸：0.3×0.55（m）

弹性模量：$E=1.1E8$（kN/m^2）

截面积：$A=0.165$

截面惯性矩：$I=0.004159$

抗弯刚度 EI=4.58E5

抗拉刚度 EA=1.82E7

荷载：

本次计算为估算上部加上汽车荷载后下部石梁的变形情况，可以仅考虑汽车荷载产生的额外效应，不考虑桥面和填料荷载。考虑将一辆汽车开至桥面，汽车位于桥面中间位置，汽车质量按 1.5t 计算。汽车前后车轮距离按照 2.5m 计算。

桥面系下共设置 6 道石梁，计算考虑单根梁承受 1/6 的荷载。按照两个作用点，每个点集中力为 15000/(6×2)=1250 kN。

结合上述参数采用结构力学求解器进行建模计算，如下图所示：

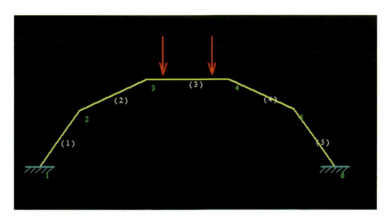

3-43 理论建模简化模型

桥上加载后拱圈内力情况如下图所示：

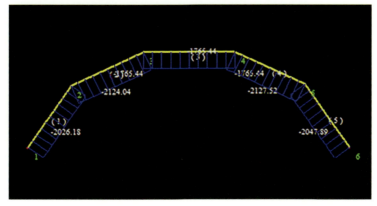

3-44 轴力计算结果示意（单位：kN）

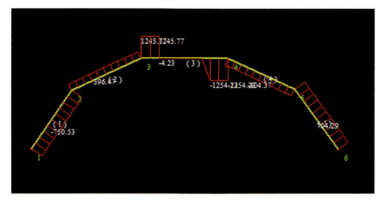

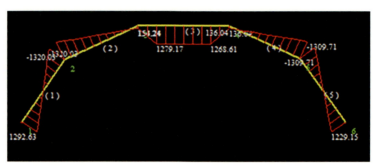

3-46 弯矩计算结果示意（单位：kN.m）

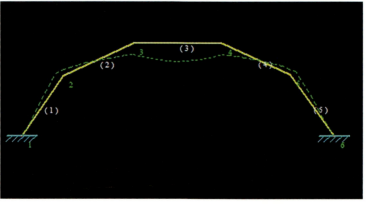

3-47 位移变形计算结果图像示意

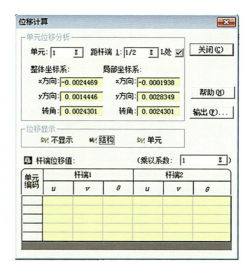

3-48　位移变形理论计算值

计算结果显示，车辆荷载作用下桥身最大竖向位移可以达到 2.8mm。

（2）现场加载试验

根据前期理论计算及现场实际加载条件，静力加载试验采用切诺基大吉普越野车作为重车荷载。测试工况分为跨中加载和 1/4 拱跨处两次加载，即负荷较大的车辆前轮位于加载点。加载车辆总重力荷载为 20kN。

3-49　车载上桥过程试验记录

现场试验的测量内容包括拱券跨中挠度和 1/4 拱跨处的纵向位移，使用固定于河床脚手架上的千分表量测。量测方案是在加载前后，分别观测拱跨中和 1/4 拱跨处的挠度变化读数，以掌握拱的变形及其恢复情况。同时，在试验中还密切注意观察桥拱是否有异常破坏现象发生。

实验结果表明，加载后拱顶跨中挠度实测最大值为 2.4mm，挠跨比为 1/625，与模拟结果一致。试验荷载卸除以后，拱的挠度基本得到了恢复，说明在汽车荷载作用下，该桥大部分处于弹性工作阶段。

2. 稳定性计算

本项目采用三维有限元软件 ANSYS 进行计算分析。本项目主要分析古月桥纵肋条石的受力及变形，因此采用在 ANSYS 软件中提供的 Beam188 单元。此单元适合于分析从细长到中等粗短的梁结构，基于铁木辛柯梁结构理论，并考虑了剪切变形的影响。Beam188 是三维线性（2 节点）梁单元，每个节点有六个自由度，分别是沿 x、y、z[4] 的位移及绕其的转动。此单元能很好地应用于线性分析和大偏转、大应力的非线性分析。

古月桥为折边拱桥，主要承载构件为纵肋条石梁和横锁石，它们的变形和稳定决定了桥体的稳定状况，为此研究中选取主要承载结构来进行研究。在现场调研和综合分析的基础上，进一步将纵肋条石梁和横锁石交接处简化为仅 X 轴单方向变形约束的铰接受力体系。模型所有节点的空间坐标都是依据本次测绘三维扫描后的实际位置点确定的，因此模型本身完全反映了桥体现状。

4　X 为桥身方向，Y 为竖直方向，Z 平行于河流。

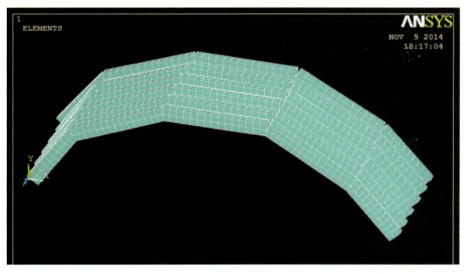

3-51　计算模型（侧立面图）

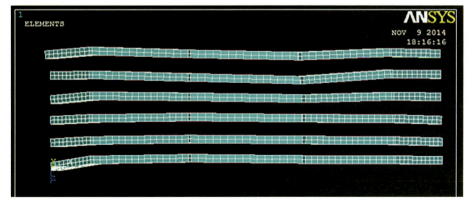

3-52　计算模型（俯视图）

通过现场勘察，认为古月桥基础未发生明显的变形和位移，支撑于基础上的纵肋条石与基础间也没有相对位移的迹象。因此与2004年结构计算类似，在模型中将纵肋条石基础端部设为固结节点，限制各向位移和弯矩。如下图所示。

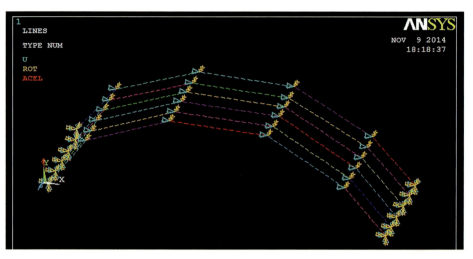

3-53 模型边界条件

5 计算参数采集自2004年中国矿业大学（北京）力学建筑学院提供的《义乌宋代古月桥稳定性评价及防护对策研究》中的实验结果，按强风化岩样的平均值设定。

在计算中，取纵肋条石截面尺寸为0.3m×0.55m；取弹性模量为 E=1.441E10（N/m^2），泊松比为0.171[5]。考虑桥体结构、填充及桥板自重后，采用该模型进行了两次计算：其一，模拟汽车加载过程，按照加载车辆的轴距（2575mm）和轮距（1448mm）施加于桥顶处与试验相同位置计算，将车辆荷载（20kN）转化为平均每个作用点的集中力，即每个作用点为5kN；其二，模拟龙溪洪峰冲击过程。

（1）加载过程模拟

计算结果表明，ANSYS 模拟下的石拱桥在汽车荷载作用下 Y 方向（竖向）变形为2.6mm，与试验数据加载后拱顶跨中挠度实测最大值2.4mm 基本拟合，如图 3-53 所示。证明本模型的假定可靠，可作为进一步数值模拟的研究基础。但在 Z 方向，即桥体平面外方向，在汽车荷载作用下发生了较大变形，达到12mm。尤其是上游方向第二榀跨，因在加载前已发生了一定变形，加载后水平向位移十分明显，如图 3-54 所示。在实际情况下，因横锁石仍存，石梁上还覆有青石板和覆土填料，对变形具有一定的约束作用，故此还未发生如理论计算结果的大变形，但说明桥体目前受压的拱轴线被破坏，横锁石横向拉结力减弱，已经断裂且向外侧位移，接近失稳状态，必须进行监测，若有进一步变化发生即刻进行加固维修。

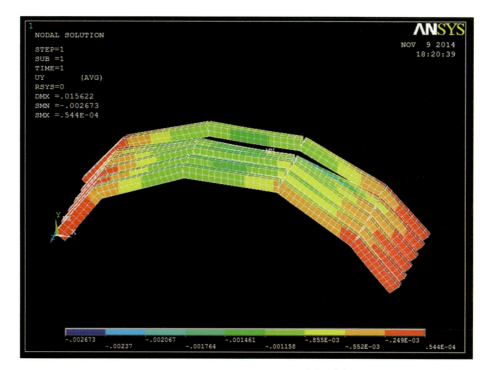

3-54 汽车加载条件下，桥体 Y 向变形计算结果

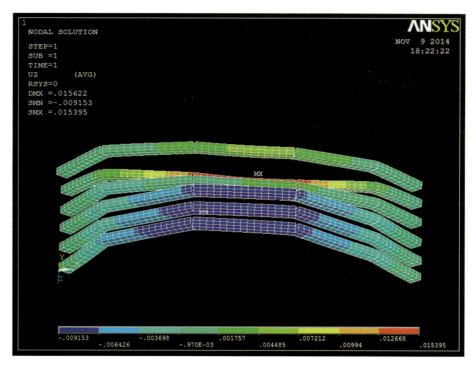

3-55 汽车加载条件下，桥体 Z 向变形计算结果

（2）洪峰模拟计算

根据水文地质资料，龙溪10年一遇的洪峰流量是224m³/s，5年一遇的洪峰流量是167m³/s。古月桥段5年一遇的洪峰流量是110m³/s，义乌水务局实施了龙溪综合整治工程，设四个分洪管，每个分洪管设计流量是10.1m³/s，故按设计分洪流量计算，分洪后古月桥段的洪峰流量是69.66m³/s。由式（1）得出洪峰流量与桥体受力的关系。

$$Fv = k \cdot A \cdot \frac{\gamma V^2}{2g} \tag{1}$$

式中，F_v —— 流水压力标准值

γ —— 水的重力密度

V —— 流速

A —— 阻水面积，假定洪峰通过时，能达到2m高度时桥根部的阻水面积

K —— 阻水面形状系数，取1.5

因古月桥处于河道的转弯处，洪峰通过时主要击打在桥体东南角。由此计算出的流水压力值为2.37kN，作用到桥体后Z向变形。计算结果如下图所示。

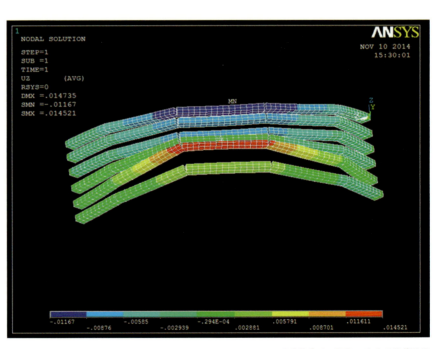

3-56　洪峰荷载下，桥体Z向变形计算结果

通过计算得知，鉴于桥体自身Z向变形已经十分严重，虽然龙溪已经经过分流泄洪，但洪峰仍然对脆弱的桥体有较严重威胁，会引发桥体Z向持续变形，甚至到达临界点使桥体解体。

（三）结构分析小结

根据前述 2004 年和 2014 年的两次结构计算，可以看出两次计算的结果基本一致。结合本章勘察分析的结论，进一步分析可知，古月桥跨中部分的石梁和横锁石既是受力最大、变形最大的部位，又是风化最严重的部位，是该桥变形破坏的关键区域。古月桥的结构和受荷特点还决定了石梁端部有严重的压应力集中现象，由于端部的压应力集中使石梁端部底侧产生高应力腐蚀，出现端部压溃和压张裂纹，加剧了条石的风化和轴线偏移。由于承载结构的差异性风化和纵肋条石的轴线偏移，使横锁石折断，同时差异性风化和横锁石折断加剧了纵肋条石端部的压应力集中，并使承载结构位移明显变大，最终引发大变形和位移，导致桥体破坏。

根据这两次计算以及二者之间的比较，可以看出目前古月桥处于暂时稳定状态，但因其风化和结构节点逐渐破坏的威胁，桥体已经向失稳态过渡。根据本章节的模拟，任何扰动都有可能加剧桥体 Z 向位移，导致桥身解体。

四·勘察结论与保护策略

（一）勘察结论及威胁因素分析

古月桥的岩石属于火山角砾岩，岩石的强度高，耐老化能力强，适宜做建筑材料；石构件支架的胶结物为火山灰，是一种硅铝基底胶结物，耐风化能力强，对酸碱均有一定耐受性，强度较高。但是鉴于长期受力、水和微生物的影响，无论是石梁、横锁石，还是之间的胶结物，均明显表现出病害。主要包括横锁石的断裂，桥面的裂隙、植物，局部桥板的缺失，桥底部梁的积尘风化及严重的地衣苔藓、局部梁头的缺失、风化。此外，构件之间的胶结物灰浆也表现出较多的溶蚀破坏，大部分缺失，影响了构件连接的稳定性。其中，威胁最大的即为微生物、植物和水引发的风化。

经过现场勘察和三维激光扫描测绘，得到古月桥完整的三维点云模型，通过对模型的分析测量可以看出，古月桥目前已发生了较严重的 Z 向（桥面垂直方向）变形，整个桥体向上游方向倾斜、偏移，且 A ~ F 六根并行梁均发生了一定程度的偏移，以靠近 D、E、F 和靠近两侧的 12、23、45、56 段石梁尤为严重。

分析 2004 年和 2014 年两次的古月桥结构稳定性计算，可知古月桥目前处于暂时稳定状态，但由于不均匀风化和横锁石结点的应力集中，桥体 Z 向已表现出一定变形，在不施加任何受力的情况下，应力集中的结点横锁石部位已经出现了较严重的断裂和明显的位移，若施加压力，无论是 Y 轴方向的汽车加载实验还是 Z 方向的洪峰模拟，都会加剧石梁在 Z 方向上的位移，接近失稳状态。与此同时，结合砾岩自身的物理特性，剪应力在 20kN 以下属于弹性形变范围，但会积累内部微裂隙，累积到一定程度后，剪应力强度极限下降，就会造成桥身石梁强度减弱，无论是压力、拉力还是剪力的微小扰动，都会威胁桥身稳定性。

根据上述分析，目前古月桥重要的威胁因素有如下两点。

第一，明显的差异性风化和端部应力集中导致梁头接触面变小、应力更加集中的恶性循环。古月桥目前风化表现出明显的差异性，一方面桥中央部位严重而越往两侧轻微，另一方面单根石梁、横锁石，端部的风化程度比中间的严重（局部风化深度已达100mm）。前者主要由于古月桥桥面未做防渗处理，桥面填石厚度从中间向两边逐渐变厚，中间渗水较两侧严重；后者由于端部存在较严重的应力集中，并且端部构件之间缺乏垫层材料（或者后期流失），容易出现明显的压溃及压张现象。因此石梁、横锁石端部既是应力最集中区域，又是风化最严重区域，且两者相互作用、加剧，不均匀风化导致梁头接触面变小，应力更加集中。结合2004年《古月桥稳定性评价及防护对策研究》中分析，当两侧面风化深度之和接近90～100mm时，曲线的斜率将急剧变陡，亦即两侧面的风化深度超过此值时，进一步的风化将使承载结构的位移和接触面压应力迅速增加，因此可将此值作为确定承载结构失稳的两侧面风化深度和的临界值。

表3-11　随风化深度而变化的各方向最大位移及压应力

两侧面风化深度之和/cm	Z轴方向位移/mm		X轴方向位移/mm		Y轴方向位移/mm		横锁石与纵肋条石接触面最大压应力/MPa	
	+	−	+	−	+	−	计算值	实际值
0	3.636	46.30	7.098	9.300	1.373	1.128	2.85	2.85
5	4.108	55.00	8.177	9.965	1.453	1.198	3.18	3.93
10	5.077	73.32	10.864	10.880	1.767	1.453	3.39	4.93
15	11.620	166.51	18.567	20.065	3.399	2.722	4.38	8.24

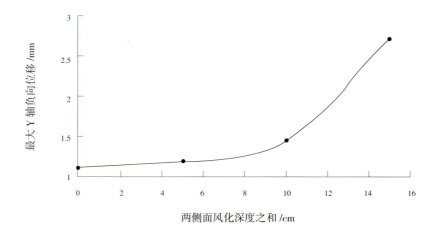

3-57　石梁两侧风化深度之和与最大Y向位移关系曲线图

第二，可能的洪水威胁。根据上一节结构分析可知，目前古月桥桥体在 Y 向（竖直方向）仍然处于弹性形变范围，基本不存在威胁。然而在 Z 向（平行于河流方向）具有较大威胁，在自重荷载时就已表现出明显的变形，若增加荷载，或有扰动，或将风化及断裂因素纳入考量，鉴于桥身填充层的约束力正在逐渐丧失，Z 向变形很有可能到达临界，造成桥梁解体。

古月桥正接近失稳状态，虽然根据本次勘察与 2004 年勘察的结果对比显示，该桥正处在一个暂时稳定的状态，这十年来未有明显变化，但风化的逐渐加剧、应力的愈发集中以及洪水等威胁，都有可能造成桥体的彻底失稳。

（二）针对性的解决策略

基于古月桥目前面临的两大威胁，其结构最可能面临的临界情况有二。

第一，目前本桥 B23、D23 两根石梁风化严重，其中 D23 侧面风化深度已达 40mm，两侧风化深度之和已达 80mm，B23 石梁底多处出现张拉裂纹，每侧张拉裂纹区宽度均达 40 ~ 50mm，局部风化深度达到 50mm。根据结构计算结果，若这两根石梁两侧风化深度之和达到 90 ~ 100mm，就极有可能达到石梁的临界点而导致整座桥梁解体。

第二，目前本桥若遇五年及五年以上洪峰冲击，可能造成上游方向第二列拱（轴线 A 处）发生较大变形。随着石梁之间的胶结物、桥身填充物、桥面材料的进一步缺失，造成横向拉结力到达临界点而导致桥梁解体。

面对上述两种情况，本方案中制定具有针对性的策略如下。

（1）去除桥体表面植物、微生物并减缓其生长，对桥体破损漏洞、桥板桥面进行整修，增加石梁、横锁石之间的垫层材料，重新填充、改善桥身填充层的状况，同时在桥面下增设防水层。这一方面可以对目前风化情况加以控制，并通过改善桥体承重结构积水的情况来减缓未来风化的可能，另一方面也能在一定程度上增加桥身横向拉结力。

（2）采取一定的防洪措施，包括建设分洪管、深挖河道等，义乌市于 2014 年已在上游建了分洪管，可继续采取挖深河道的措施进一步减少洪水的威胁。

（3）建立对古月桥保存状态、本体及环境的实时监测，通过监测观察桥体构件继续风化、歪闪变形的情况，并监测其在夏汛时期的表现。若有变形、歪闪或横锁石断裂加剧的情况，应及时采取维修措施进行加固。

方案设计

2002 年，义乌博物馆委托浙江省古建筑设计研究院编制《义乌市古月桥修缮保护方案》，通过对古月桥进行现状勘察和病害分析，提出维修总体思路，即全面勘察及加固桥台，整修加固周边驳岸。在保证安全的前提下，将桥面先行揭除，加固肋拱结构后，再将面层结构原样修复，务使消除隐患，且不损其风貌，从而为其益寿延年。

该方案维修内容及主要的修缮措施如下。（1）勘探加固桥台和桥基。经勘测，桥基有 30mm 的沉降。施工中详细了解桥台底部构造，有无木桩基，有无底（暗）拱等，对桥台应检测其承载强度，可予适当灌浆加固，并在水中对桥台进行围桩保护，以提升或保持其承载能力，对底（暗）拱则应采用原材料（条石、块石等）加固、延伸。（2）桥身加固。对于肋拱结构，原则上不将肋拱换新。只用化学材料（如有机硅涂液等）进行必要的清洗、防护和加固，确有不堪使用者，更新之。（3）桥面的铺装。桥面应依原样满铺石板，板缝应灌浆或勾嵌水泥砂浆，避免大量流水渗入桥身内部。桥面压栏石，依前述方法黏接、补强、归位，确失者应予补齐。（4）环境整治，对驳岸进行整修。

2002 年 5 月，国家文物局对该方案进行了批复（文物保函〔2002〕223 号），原则同意古月桥维修项目及所报方案的总体思路，对方案提出了两条修改意见：一是施工设计前，应组织对桥基进行勘探，取得相关数据，并在此基础上确定相应的基础加固处理措施；二是研究确定锁石和肋拱加固的具体方案。

文物保函〔2002〕223 号

关于义乌古月桥维修方案的批复

浙江省文物局：

你局《关于上报全国重点文物保护单位义乌古月桥维修方案的请示》（浙文物发〔2002〕38 号）及附件收悉。经研究，我局批复如下。

一、原则同意古月桥维修项目和所报方案的总体思路。

二、对方案提出如下意见：

1. 施工设计前，应组织对桥基进行勘探，取得相关数据，并在此基础上确定相应的基础加固处理措施。

2. 研究确定锁石和肋拱加固的具体方案。

三、请你局根据上述意见组织对方案进行补充和深化，并在次基础上制订施工图设计，由你局审批后实施。确定后的工程预算，报我局审批。

此复。

国家文物局

2002 年 5 月

2003 年，设计单位根据国家文物局的批复意见进行了补充和深化，完成了《义乌古月桥修缮保护建议方案》和施工图，报省文物局审批。该方案修缮措施如下。

（1）外表清洗。对石桥肋石及横锁石外表进行高压水夹沙清洗；不采用化学试剂，化学试剂会损害石材强度，并对环境产生危害。

（2）防霉杀菌。为防止石材表面苔藓及霉变，在石桥表面及缝隙处淋涂德国雷马士公司防霉杀菌剂（Alkutex BFA Remover,0673）[1]。

（3）增强处理。古月桥石材表面风化程度降低，尤其是肋石头子处风化破损较严重，需作增强处理。可采用在岩石外表整体淋涂德国雷马士公司岩石增强剂 300（Funcosil Stone Strengthener 300,0720）[2] 和岩石增强剂 300E（Funcosil SAE 300E,0714）[3]，肋石头子缺损处采用德国雷马士公司芬考环氧修复料（Funcosil Epoxy Restoration Mortar,0941）[4] 修补。另外，在石缝合节点处注射岩石增强剂 300 和 300E，可使石缝中沙土固结，使植物失去土壤而无法生长。

（4）横锁石连接及修补。古月桥每道横锁石分为两段，中间有接缝。此接缝连接牢固能加强石桥横向整体性，可考虑采用钢结构加固。断裂横锁石裂缝处可考虑采用德国雷马士公司芬考环氧修复料进行修补。

（5）石桥外表防水。为防止河水和雨水对石桥表面及节点的侵蚀，应对石桥表面作防水处理，为不破坏石桥原有外观，可采用无色透明防水剂作增强处理，采用雷马士公司 AS（Funcosil AS,0640）[5] 对石桥作整体淋涂，同时根据外表色泽作平色处理。

该方案对高压水夹沙清洗技术以及施工所用的新材料的性能等进行了介绍。方案还例举了上述新材料的应用实例。

省文物局组织专家对该方案进行了审查，由于部分专家对方案中用化学材料对肋拱和锁石等结构加固的具体方案持反对意见，为慎重起见，决定暂缓实施。先对古月桥桥基进行勘探，并对两侧桥台和驳岸进行修缮加固。2004 年，委托中国矿业大学、中国地质大学、北京冈崎地层环境力学研究中心等科研机构对义乌宋代古月桥进行稳定性评价及防护对策研究，为下次修缮提供科学依据。

---

1. 防霉杀菌剂（Alkutex BFA Remover），是一种环保型特种水剂，预防霉菌及藻类附生，防止由于微生物导致的封面风化。

2. 芬考岩石增强剂是一种不含溶剂的硅酸乙脂岩石增强材料，20 世纪 80 年代由德国雷马士公司研制成功。由于渗透深度大，施工方便，是目前使用最广泛的材料，被称为"经典岩石增强剂"。其原理为含有特种催化剂的硅酸乙脂在岩石中渗透，然后硅酸乙脂在特种催化剂地作用下，吸收空气中和岩石孔隙中的水，发生反应，逐渐生成对岩石有黏结作用的硅酸胶体，岩石的强度增加。

3. 芬考岩石增强剂 300E（-Funcosil SAE 300E），是 20 世纪 90 年代初由德国雷马士公司开发成功的弹性硅酸乙脂系列材料。弹性硅酸乙脂是在两个正硅酸乙脂分子之间拼接一弹性基因，使得产生的硅胶有一定的弹性，因此它克服了硅酸乙脂使用时有时脆性过高的缺点。

4. 芬考环氧修复料（Funcosil Epoxy Restoration Mortar），是由德国雷马士公司开发成功的系列轻质双组分环氧树脂，用于黏结砂浆。因骨料细腻，密度低，具有黏结性好、强度高等特点。

5. 芬考 AS（FuncosilAS），是由德国雷马士公司开发的一种具有防水增强功能的特种材料，适合做旧处理。

2014 年，在对古月桥保存现状进行了深入的分析研究后，古月桥文物管理机构再次向国家文物局上报古月桥修缮工程立项报告，并获得国家文物局的批准。

根据《文物保护工程管理办法》第五条，古月桥保护工程属于修缮工程类型，"为保护文物本体所必须的结构加固处理和维修，包括结合结构加固而进行的局部复原工程"。本次修缮工程的范围包括桥台、桥基的加固，桥身的加固，桥面植物根系的清理，桥身病害的防护等等。

文物保函〔2014〕1693 号

关于古月桥修缮工程立项的批复

浙江省文物局：

你局《关于要求将全国重点文物保护单位义乌古月桥修缮工程予以立项的请示》（浙文物发〔2014〕25 号）收悉。经研究，我局批复如下。

一、原则同意古月桥修缮工程立项。

二、在编制工程方案时，应注意以下方面：

（一）该工程属文物修缮工程，应遵循"不改变文物原状""最小干预"等文物保护原则，保护文物及其历史环境的真实性和完整性。

（二）工程范围包括古月桥文物本体维修。

（三）进一步深化文物勘察，准确评估文物病害的原因及破坏程度，制定有针对性的保护措施。

（四）对已实施维修工程进行评估，为方案编制提供借鉴。

三、请你局根据上述意见和《文物保护工程设计文件编制深度要求（试行）》，组织具有相应资质的专业单位编制工程技术方案，并按照我局《关于印发〈全国重点文物保护单位文物保护工程申报审批管理办法（试行）〉通知》（文物保函〔2014〕64 号）的要求履行相关审批程序。

四、如需申请国家重点文物保护专项补助资金，请在工程技术方案批复后，按照预算编制的相关规范要求，编制工程预算按程序报批。

此复。

国家文物局

2014 年 6 月 6 日

本次工程确定修缮原则如下。

（1）全面贯彻"保护为主、抢救第一、合理利用、加强管理"的文物保护工作方针。提出"预防性"保护的理念，在前期数字化测绘、精细化勘察的基础上，对工程实施过程进行监测，保证工程过程中的文物安全。客观合理地确定保护目标，最大程度保护文物安全，避免遗产价值载体的遗失。

（2）坚持尊重传统、保持地方风格的原则。不同地区有不同的建筑风格与传统手法，在修缮过程中要加以识别，尊重传统。承认建筑风格的多样性、传统工艺的地域性和营造手法的独特性，特别注重保留与继承。

（3）坚持可逆性、可再处理性的原则。在修缮工程中，坚持修缮过程中修缮措施的可逆性原则，保证修缮后的可再处理性。通过科学的材料研究，尽量选择使用与原构相同、相近或兼容的材料，使用传统工艺技法，为后人的研究、识别、处理、修缮留有更准确的判定，提供最准确的变化信息。

（4）保护修缮应以遗产价值评判为基础，以真实完整地恢复文物历史面貌为原则，在复原过程中对文物及其环境进行适当的整理工作。

三·主要修缮内容

经过前述对古月桥的测量、勘察，材料劣化分析及结构稳定性计算，可知古月桥主要面临的威胁有二，分别是明显的差异性风化和端部垫层缺失，导致应力集中并且受力不均，而梁头接触面变小，应力更加集中与不均的恶性循环，以及可能的洪水威胁。由此，其趋于失稳的结构最可能面临的临界情况有两种。

（1）若承重石梁两侧风化深度之和达到 90 ~ 100mm，就极有可能达到石梁的临界点而导致整体桥梁解体。目前，已有石梁局部风化达到了 30 ~ 40mm。

（2）若遇五年及五年以上洪峰冲击，极有可能造成上游方向第二榀拱跨（轴线 A 处）发生较大 Z 向变形。随着石梁之间的胶结物、桥身填充物、桥面材料的进一步缺失，造成横向拉结力到达临界点而导致桥体解体。

鉴于上述情况，修缮设计团队拟定了修缮基本策略如下。

（1）改善桥体目前微生物、植物生长、风化加剧的现状，尽可能减小其风化速率、增加承重结构，改善端头节点应力集中和受力不均状态。

（2）采取一定防洪措施，包括建设分洪管、深挖河道等，鉴于义乌市于 2014 年已在上游建了分洪管，可继续采取挖深河道的措施进一步减少洪水的威胁。

（3）建立对古月桥保存状态、本体及环境的实时监测，通过监测观察桥体构件继续风化、歪闪变形的情况，并监测其在夏汛时期的表现。若有变形、歪闪或横锁石断裂加剧的情况，应及时采取维修措施进行加固。

根据以上分析，团队设计了两种修缮方案，分别对应《中国文物古迹保护准则》（2000年版，本方案制定时，2015 年版《准则》尚未公布）中保护工程的"现状修整"和"重点修复"。

根据《中国文物古迹保护准则》（2000 年版）第三十一条：

现状修整是在于扰动现有结构，不增添新构件，基本保持现状的前提下进行的一般性工程措施。主要工程有：归整歪闪、坍塌、错乱的构件，修补少量残损的部分，清除无价值的近代添加物等。修整中清除和补配的部分应保留详细的记录。

本方案坚持严格遵守不改变文物原状、最小干预原则，制定具体修缮步骤方法如下。

1. 结构支顶维护

在桥下方及侧面利用支护设施对桥体进行支护，防止桥体垮塌及侧倾。

2. 拆卸桥板

将现有桥面的石板、碎石、压阑石按照自西向东、自北向南的顺序拆除，在拆除过程中，应尽量减少对桥体的干预，以平缓、稳定的方式进行，尽可能地保持现有黄土层的状态。从桥面上移除的石板、压阑石应按位置顺序予以明确编号和详细记录，妥善保存于干燥场所，以便后期归安。

3. 清理植物及微生物

（1）清理桥面、侧面桥身及压阑石、底面的植物

采用人工除草的方式，小心清除生长于桥身缝隙、填充层中的植物根系。可以使用传统工具，不得使用现代机械等。在施工过程中注意尽量不要对桥体结构造成影响。

（2）清洗桥身上的微生物

对微生物生长严重的区域谨慎地清洗，去除石构件表面的污垢、青苔和微生物等。采用方式如下。

① 桥身及未拆卸的压阑石，采用毛刷蘸取去离子水进行清洗，再以棉纸吸干表面水分，以轻缓的方式进行，对于顽固的痕迹不必强力去除。

4-01 清洗拆卸下来的构件示例

② 桥底面及石梁、横锁石，采用软毛刷和抹布蘸取去离子水进行清洗，再以棉纸吸干表面水分，清洗方式必须轻柔，尤其是对于粉状风化严重的区域。石梁和横锁石交接结点处尽量去除干净，但对于顽固的微生物痕迹不必强力去除。

③ 拆卸下来的桥面石板及压阑石，采用毛刷蘸取去离子水进行清洗，放置于通风

4-02 桥面修缮措施图

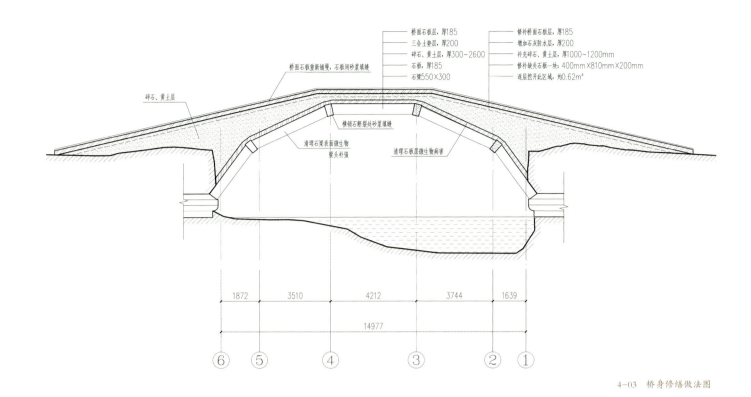

桥面石板层, 厚185
三合土垫层, 厚200
碎石、黄土层, 厚300~2600
石板, 厚185
石梁550×300

桥面石板重新铺墁, 石板间砂浆填缝

碎石、黄土层

横锁石断裂处砂浆填缝

清理石梁表面微生物
螺头补强

清理石板层微生物病害

修补桥面石板层, 厚185
增加石灰防水层, 厚200
补充碎石、黄土层, 厚1000~1200mm
修补缺失石板一块: 400mm×810mm×200mm
逐层挖开此区域, 约0.62m³

1872　3510　4212　3744　1639

14977

⑥　⑤　④　③　②　①

4-03　桥身修缮做法图

处晾干, 按照保存状况、清洗后的状态分类放置并记录。

4. 替换缺失底板

目前古月桥第二层(底板石)共由148块大小不一的石板沿两列石梁横向铺成, 其中位于横轴线2、3, 纵轴线E、F之间有一块石板中部缺失, 缺失面积约为300mm², 需要替换。具体步骤如下。

(1)清理并移除该石板区域内的碎石、黄土层, 清理面积约为1200mm×1000mm。

(2)取出破损石板, 在移除过程中注意尽量平稳, 且不要干扰相邻石板。

(3)在距离古月桥2km处的环院采石场采集火山角砾岩的新鲜岩样(具体物理特性见下表), 采用传统方式和传统工具将石块凿成约410mm×810mm×200mm的石板, 再手工精细打磨至与相邻石板相契合。

(4)结合对碎石黄土填充层的补充、对桥面的替换修补, 完善对替换桥底板上的各层次的维修。

(5)在石板替换过程中, 替换角砾岩必须在义乌区域内采石场内取得。在切割、打磨过程中, 采取传统方式进行。

表4-1　替换的新鲜石材特性

岩石种类	单轴抗压强度 σc (MPa)	弹性模量E (GPa)	泊松比 μ	表面颜色	孔隙率	密度 g/ml
火山角砾岩	97.07	23.34	0.117	灰白	2%-6%	>2.5

5. 桥身压阑石整理

（1）整理桥身两侧的压阑石，对于目前空隙较大、有缺失的东南部位进行重新排列。

（2）在附近采石场采集角砾岩岩样（具体特性与前相同），采用传统方式和传统工具将石块凿成约 450mm×2500mm ~ 3000mm×250mm 的条石，放置于桥东南侧，需要 2 ~ 5 块；

（3）对不重砌压阑石的间隙以灰浆勾缝，采用针管灌浆的方式。补配重砌压阑石，以灰浆（石灰∶沙 =3∶1，并在其中掺杂 5% 的石灰膏）作为垫层，厚度不超过 10mm。

6. 填充层补充

古月桥填充层目前有一定的缺失、需要对其进行补充。具体步骤如下。

（1）在附近采石场采集角砾岩碎岩，或将采集到的岩石敲碎成 30 ~ 80mm 见方大小的碎石，均匀地铺在底板层之上。桥中央部位铺设厚度约 150mm，起拱处最大铺设厚度约为 2550mm，尽可能利用原有碎石。

（2）采集古月桥周边区域黄土，以黄土与灰 7∶3 的比例掺好、拌匀，填充于碎石层的缝隙处，并在其上均匀铺设 150mm 左右，压实、找平，尽可能利用原黄土。

（3）在碎石、黄土层上，以三合土均匀铺设约 200mm，压实，找平以达到减少雨水下渗要求，三合土方量约 0.9m³，总填充层厚度达到 320mm（桥中央部位）。

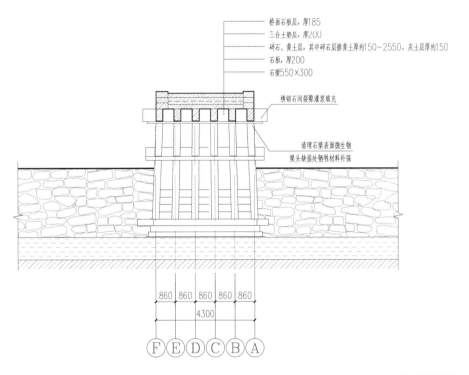

4-04　桥身填充层做法图

7. 桥面构造的修补

目前桥面石板缺失较多、做法不一，需要对其进行修补替换。具体步骤如下。

（1）原有桥板缺失较多的地面补配与现地面石板相同尺寸的石板。岩石具体要求：

在古月桥附近采石场采集新鲜的角砾岩岩样，石材具体要求与底面石板相同，将其打磨成长 1000 ~ 1500mm、宽 400 ~ 500mm、厚 180mm 的石板，形制尽量自然，与原石板一致，要求以传统方式手工作业。

（2）经过勘察计算，桥面面积约 137m²，可使用的原石材约 58m²，待替换面积约 79m²，需要 80 ~ 110 块石板。

（3）将步骤（1）、（2）中清洗、整理好的桥面石，在与桥平面相同的放样场地上按原位置关系及尺寸码放好，将补配石板与原石板配好，尺寸有不合处打磨新配石板以配合。用新石板将整个桥面补充完整。

（4）将新、旧石板按放样场地排好的位置，以自西向东、自北向南的顺序，用竖铺方式，铺设于灰土层上，然后用灰浆（石灰∶沙 =3∶1，并在其中掺杂 5% 的石灰膏）勾缝，勾缝应使用传统方式，尽量精细、平稳的进行，保证灰浆不要溢出于石板上。

（5）桥面压阑石（高出桥面部分的压阑石）处理方式与桥身压阑石相同。经过勘察，桥面压阑石约有 1/3 ~ 1/2 可以继续使用，将步骤（1）、（2）中清洗、整理好的桥面压阑石原位归安。其余风化严重、断裂的压阑石以及原压阑石缺失的部位以新石样进行替换，对石材的要求与前相同。将其打磨成 2500 ~ 3000mm×450mm×300mm 的条石，需要 10 ~ 15 块。以灰浆（石灰∶沙 =3∶1，并在其中掺杂 5% 的石灰膏）作为砌筑压阑石，厚度不超过 10mm，并勾缝。

8. 节点位移限制与牺牲性材料补强

桥梁横向连接构件横锁石多处在节点位置发生断裂，致使石梁在横轴方向失去限制位移的拉结力，从而导致单榀梁架拱轴线的破坏，进而促使整个桥体濒于失稳状态。为加强桥体的整体性及稳定性、延缓桥体向失稳状态过渡，增加桥体耐久性，需对古月桥横锁石与梁头连接节点进行位移限制，并用牺牲性材料将梁端头缺失截面补充完整。

补强和灌浆过程中，尽量不要干扰桥体承重结构，在桥下搭建脚手架，从下部小心地进行补强灌浆。

（1）对石梁端部截面减小缺失部分，用相同石材研磨成的石粉配比水硬性石灰材料（材料配比要求详见"'牺牲性'保护材料"一章）进行补强。

（2）采用改性水硬石灰（配比要求详见"'牺牲性'保护材料"一章），对石梁与横锁石接触节点（石梁与横锁石的 48 个相交节点，同列两根横锁石的共 4 个截面、横锁石因断裂而形成的 5 个截面，面积分别为 10.32m² 和 1.88m²），进行灌浆补强。

（3）支护设施必须在补强材料达到第一个养护周期（28 天），同时现场材料试块强度达标后，才可撤离。

修补缺失较多的部位可采用石铲与针管灌浆结合的方式。修补细微部位、对截面进行灌浆，灌注时可采用海绵等辅助工作，以平稳速度进行。对石梁与横锁石相交的截面，采用针管灌注的方式进行灌浆，分为两步，先以清水清洗要灌注部位，继而再将灰浆通过针管灌注于截面。对于横锁石断裂的空隙，因缺失较多，先以灰铲等传统工具填补，再采用针管灌注方式对缝隙进行填充。灌浆结束后，需要对灌浆部位观察 5 ~ 7 天，若有流失必须进行补灌。

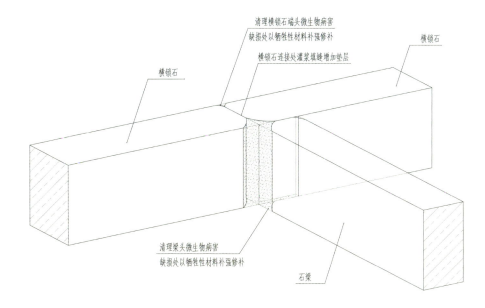

清理横锁石端头微生物病害
缺损处以牺牲性材料补强修补

横锁石连接处灌浆填缝增加垫层

横锁石

横锁石

清理梁头微生物病害
缺损处以牺牲性材料补强修补

石梁

4-05 石质构件连接处灌浆修补

4-06 清水清洗示例

4-07 灌浆示例

4-08 针管灌浆方法示例

具体所需灌浆量见下表。

表4-2　承重层构件截面缺失需填补灌浆量

条石编号	几何尺寸				截面面积		需修补灌浆截面面积（cm²）	需修补灌浆体积（cm³）
	长（cm）	宽（cm）	高（cm）	体积（cm³）	原有截面（cm²）	有效截面		
F56	290	29	50	420500	1450	1315	135	23992
E56	290	31	50	449500	1550	1438	112	38831
D56	290	30	41	356700	1230	861	369	21460
C56	290	30	53	461100	1590	1404	186	25288
B56	290	29	43	361630	1247	1119	128	21766
A56	290	30	51	443700	1530	1530	0	24650
5CF	270	28	53	400680	1484	1335	149	23004
5AC	190	30	55	313500	1650	1485	165	17526
F45	365	31	48	529728	1488	1375	113	57492
E45	353	30	48	508320	1440	1285	155	56232
D45	353	28	48	474432	1344	1018	326	80682
C45	359	32	51	585888	1632	1278	354	61098
B45	358	27	50	483300	1350	1070	280	56100
A45	358	29	49	508718	1421	1400	21	56954
4EF	105	26	55	150150	1430	1287	143	288158
4DE	85	27	55	126225	1485	1336.5	148.5	23919
4BD	160	28	53	237440	1484	1336	148	41190
4AB	112	27	52	157248	1404	1264	140	29064
F34	390	29	52	588120	1508	1448	60	64320
E34	403	32	53	683488	1696	1528	158	103488
D34	408	29	50	591600	1450	1269	181	96690
C34	408	26	47.5	503800	1235	1045	190	89362
B34	399	28	48	536256	1344	1048	296	90756
A34	390	29	48	542880	1392	1164	228	60984
3CF	260	33	53	454740	1749	1574	175	46842
3BC	100	31	55	170500	1705	1705	0	19874
3AB	110	30	55	181500	1650	1650	0	21228
F23	389	30	53	618510	1590	1166	424	65874
E23	375	26	50	487500	1300	1250.5	49.5	57804
D23	378.5	30	53	601815	1590	1422.5	167.5	64173
C23	377	25	45	424125	1125	607.5	517.5	53250
B23	384	29	50	561875	1450	1350	100	66803
A23	387.5	32	48	595200	1536	1476	60	63210
2EF	112	32	57	204288	1824	1824	0	11592
2DE	96	32	57	175104	1824	1824	0	33744
2BD	152	31	49	230888	1519	1519	0	13448
2AB	124	31	49	188356	1519	1519	0	11236
F12	290	30	50	435000	1500	1390	110	24331
E12	290	29	51	428910	1479	1245	234	24310
D12	290	32	49	454720	1568	1524	44	24688
C12	290	31	48	431520	1488	1238	250	24030
B12	290	38	54	595080	2052	1839.5	212.5	28351
A12	290	29	52	437320	1508	1394	159	24628
合计	2.13m³							

整体现状修整工程完成后，结合监测手段，对桥体继续进行观察。

五·方案二：以重点修复为主要措施

根据《中国文物古迹保护准则》（2000 年版）第三十二条：

重点修复是保护工程中对原物干预最多的重大工程措施，主要工程有恢复结构的稳定状态、增加必要的加固结构、修补损坏的构件、添配缺失的部分等。要慎重使用全部解体修复的方法，经过解体后修复的结构，应当全面减除隐患，保证较长时期不再修缮。修复工程应当尽量多保存各个时期有价值的痕迹，恢复的部分应以现存实物为依据。附属的文物在有可能遭受损伤的情况下才允许拆卸，并在修复后按原状归安。

制定本方案严格遵守不改变文物原状、文物安全性与延续性原则。具体修缮步骤方法如下。

古月桥目前逐渐接近失稳状态，自西向东 1 ~ 3 跨拱下横锁石均有断裂现象，位于轴线 2、4 的横锁石均断裂为三段。横锁石断裂导致石梁拱轴线发生偏移甚至破坏。为保证古月桥整体受力的稳定性，避免外力扰动对桥体造成更大威胁，方案拟对桥体结构偏移进行归安，并对桥底石梁与横锁石连接处进行位移限制，对梁端应力集中处使用"牺牲性"材料进行截面补全，分担集中应力并在压力增大时"牺牲性"补强材料保证原石梁的安全，对桥面构造缺陷进行改造。

1. 卸荷

在桥体四周搭脚手架，在石梁与横锁石交接的节点位置做支顶，确保能承受桥体所有荷载，按照桥面层、填充层和底板层的顺序逐层卸荷，将拆卸下来的桥面石板、压阑石、底板、碎石黄土填料进行编号，并详细记录位置，然后分类放置于阴凉通风安全处。

2. 清理表面病害

分为两类。

（1）承重层石梁及横锁石的表面病害，采用软毛刷和抹布蘸取去离子水进行清洗，再以棉纸吸干表面水分，清洗方式必须轻柔，尤其是对于粉状风化严重的区域。石梁和横锁石交接结点处尽量去除干净，但对于顽固的微生物痕迹不必强力去除。

（2）拆卸下来的构件，采用毛刷蘸取去离子水进行清洗，必要时可结合使用生物杀灭剂，放置于通风处晾干，按照保存状况、清洗后的状态分类放置并记录。

3. 归安轴线

通过现状测量和推算（宋尺：1 尺 ≈ 312mm），按照下表数据对六列轴线及四组横锁石进行归安。顺序为纠正有较多 Z 向偏移的横锁石，向桥身外方向偏移的横锁石向内靠拢，使其之间的缝隙合拢，其中横锁石最大归安量达 125mm，其余各尺寸见图 4-09、4-10 及表 4-3。

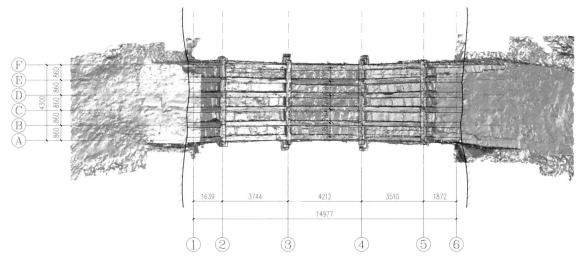

表4-3 轴线归安尺寸表

	测绘尺（mm）	计算尺寸（宋尺）	推测丈尺（宋尺）	纠正后数据（mm）
桥两侧宽度	4916	15.5	15.5	4914
桥中部宽度	4445	14.25	14.25	4446
桥端头轴线间距	860	2.75	2.75	860
桥中部轴线间距	788	2.52	2.5	780
石梁轴线总间距	4299	13.77	13.75	4290
石梁轴线间距	869	2.78	2.75	858
桥梁总跨度	14977	48	48	14976
拱高	3745	12	12	3744

具体六列石梁纵轴线的收分尺寸见下图。

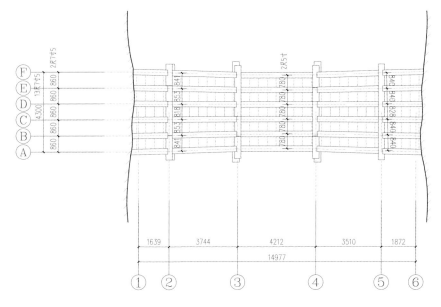

4. 节点位移限制与"牺牲性"材料补强

桥梁横向连接构件横锁石多处在节点位置发生断裂，致使石梁在横轴方向失去限制位移的拉结力，从而导致单榀梁架拱轴线的破坏，进而促使整个桥体濒于失稳状态。为加强桥体的整体性及稳定性、延缓桥体向失稳状态的过渡，增加桥体耐久性，需对古月桥横锁石与梁头连接节点进行位移限制并用牺牲性材料将梁端头缺失截面补充完整。

（1）对石梁端部截面减小缺失部分，用粗骨集料配比水硬性石灰材料（材料配比及具体使用方法详见材料试验）进行补强，具体修补尺寸见表4-2。

（2）对归安之后的石梁与横锁石接触节点（石梁与横锁石的48个相交节点，同列两根横锁石的共4个截面、横锁石因断裂而形成的5个截面，面积分别为10.32m^{2}和1.88m^2），进行灌浆补强。

采用的补强材料为细集料配比水硬性石灰（配比详见"'牺牲性'保护材料"一章）。

（3）支顶必须在补强材料达到第一个养护周期（28天），同时现场材料试块强度达标后，才可撤离。

修补缺失较多的部位可采用石铲与针管灌浆结合的方式，修补细微部位，对截面进行灌浆，具体灌浆方式、要求及补强体积与方案一相同（见表4-2）。

5. 底板层修补

将记录、清洗完毕的底板按编号原位铺设于承重层上，其中位于横轴线E、F，纵轴线2、3之间有一块石板中部缺失，缺失面积约为300mm^2，需要替换。其余石板如清洗时发现酥碱体积已超过35%，则需进行替换，否则应使用原材料。替换石材需选取古月桥周边区域的新鲜岩石（见表4-1），采用传统加工手段，以斧、凿等工具加工而成。

6. 压阑石归安、修补

（1）将清洗、记录好的压阑石分类整理好，在清洗过程中酥碱体积不超过35%的原位归安。

（2）酥碱 >35% 的构件需要替换，桥身东南部、北侧压阑石缺失部分需要补齐，需从附近采石场采集角砾岩岩样（具体特性与前相同），采用传统方式和传统工具将石块凿成约450mm×2500mm ～ 3000mm×250mm的条石，按照原有方式、错落码放于桥身外侧。自底板层起始铺设3 ～ 10层，其中桥身中央拱最高处铺设3层，高约780mm，桥身起拱处铺设9 ～ 10层，高约2350mm。

（3）重砌压阑石，以灰浆为垫层，厚度不超过10mm，灰浆配比为石灰：沙 =3：1，并在其中掺杂5%的石灰膏。

7. 填充层补充

（1）在附近采石场采集角砾岩碎岩，或将采集到的岩石敲碎成30 ～ 80mm^2 大小的碎石，均匀地铺在底板层之上。桥中央部位铺设厚度约150mm，起拱处最大铺设厚度约为2550mm，填充石方量共约100m^3（纵截面约22m^2），尽可能利用原有碎石。

（2）采集古月桥周边区域黄土，以黄土与灰7：3的比例掺好、拌匀，填充于碎石层的缝隙处，并在其上均匀铺设 150mm，压实、找平，以达到一定程度的防水要求，土方量共约 30m³（纵截面约 8m²），尽可能利用原黄土。

（3）在碎石、黄土层上，以石灰均匀铺设约 200mm，压实，找平以达到防水要求，石灰方量约 0.9m³，总填充层厚度达到 320mm（桥中央部位）。

8. 桥面修补、重铺

（1）将之前清洗、整理好的桥面石板选出保存状况较好（风化、破损程度 <35%）的部分待用。

（2）在古月桥附近采石场采集新鲜的角砾岩岩样，石材具体要求与底面石板相同，将其打磨成长 1000 ～ 1500mm、宽 400 ～ 500mm、厚 180mm 的石板，形制尽量自然、圆润，与原石板一致，要求以传统方式手工作业。

（3）经过勘察计算，桥面面积约 137m²，可使用的原石材约 58m²，待替换面积约 79m²，需要 80 ～ 110 块石板。

（4）将新旧石板以竖铺方式铺设于灰土层上，然后用灰浆勾缝。勾缝应使用传统方式，尽量精细、平稳的进行，保证灰浆不要溢出于石板上。灰浆具体配比与前相同。

以"现状修整"为主要措施的方案一与以"重点修复"为主要措施的方案二相比，在节点位移限制与牺牲性材料补强，底板层、填充层、压阑石和桥面的修补填充做法方面是基本相同的。两者不同点在于以下几点。

方案一不需要进行落架卸荷，不对古月桥目前的结构层做过多的扰动，是以最小干预、最大程度保存历史信息为原则，对桥体进行的修缮、补强，确保古月桥能够"延年益寿"。而方案二则需要卸荷和重新归安轴线，恢复古月桥的原貌和最佳状态，以确保体现出古月桥的初始设计意图。从保护思想上说，方案一更多的是在"保存现状"，而方案二则偏向于"恢复原状"。

事实上，在修缮方案设计过程中，除了上述两个成型的方案，勘察团队还考虑过使用锚杆灌浆等传统手段和碳纤维加固等新方向。在设计过程中，勘察设计团队多次咨询中国文化遗产研究院黄克忠教授、张之平教授等多位经验丰富的文物保护专家，结合地方管理部门意见，经过几轮修改，最终确定方案一。

鉴于古月桥年代悠久、价值重大，且目前桥体结构仍然处于暂时稳定状况，以卸荷落架后重点修复为主要措施的方案二对文物本体影响更大，存在一定风险，一旦原有结构无法归于原位，就会影响古月桥的文物价值。为了贯彻"预防性"保护理念，最大限度地保护文物原状、以最小干预原则使古月桥全部价值及载体真实、完整地传至后代，设计团队、管理团队和专家团队一致同意选择方案一作为实施施工方案，并于 2015 年 1 月将勘察研究报告及修缮设计方案上报文物主管部门。

2015 年 3 月，浙江省文物局批复通过了该方案（浙文物许〔2015〕23 号），并于当年 6 月完成修缮方案修改及施工图编制，当年 11 月，修改后的古月桥修缮工程设计方案及施工图获得浙江省文物局审批，古月桥修缮工程正式进入施工阶段。

浙江省文物局关于全国重点文物保护单位
义乌市古月桥修缮工程设计方案的批复

义乌市文化广电新闻出版局：

你局《关于要求审查全国重点文物保护单位古月桥修缮设计方案的报告》（义文广〔2015〕8号）及附件悉，根据《中华人民共和国文物保护法》、《文物保护工程审批管理暂行规定》，以及国家文物局《关于古月桥修缮工程立项的批复》（文物保函〔2014〕1693号）的相关要求，经全国重点文物保护工程专家库专家对该方案的审查，并将专家审查意见在国家文物局指定的"文物保护工程设计方案审批监管网"进行了公示，没有异议。

浙江省文物局关于全国重点文物保护单位
古月桥修缮工程设计方案（修改稿）和施工图的审查意见

义乌市文化广电新闻出版局：

你局《关于要求审查全国重点文物保护单位古月桥修缮工程施工设计方案和施工图的报告》（义文广〔2015〕104号）及附件悉。经审查，认为设计方案（修改稿）和施工图符合《浙江省文物局关于全国重点文物保护单位古月桥修缮工程设计方案的批复》（浙文物许〔2015〕23号）的要求，原则同意该施工图设计，请抓紧开展施工前期准备工作，在施工过程中落实安全措施，确保工作人员和桥体安全。

浙江省文物局

2015年11月4日

"牺牲性"保护材料研究 伍

（一）概念的提出

为了完成方案中限制节点位移的目的，项目组进行了多轮讨论，最终提出使用"牺牲性"材料进行节点强化的保护思路。这种方式既可满足防止节点继续弱化的目的，又满足文物修缮"最少干预"的原则。首先，古月桥节点的问题体现在梁头截面变小而产生了梁头的压溃与压裂，而这又造成梁头截面进一步缩小的恶性循环。那么缓解梁头受力状况，充分发挥残余截面的受力性能，就成为不外加其他结构而维持现有节点的最佳方法。其次，保护风化后的表层石材，不仅是为了保护文物原状，也成为维持梁体截面的重要一环。选择"牺牲性"材料作为受力垫层，能有效使梁头接触面受力更加均匀，同时也能对节点的位移进行限制。而"牺牲性"材料低于风化石材的强度则可以作为风化部分石材的"软保护"，一旦破坏发生时，先于被保护的石材破坏，起到预警作用。

因此，"牺牲性"材料必须具备以下性能。

第一，材料强度必须低于古月桥现状风化后的石构件强度，以保证在发生破坏时，补强材料先于石构件破坏，从而保护已风化石构件的完整性。根据勘察报告中古月桥石材强风化部位的单轴抗压强度为 20MPa ~ 30MPa 的结论，确定该"牺牲性"补强材料的单轴抗压强度应低于 20MPa 大于等于 10MPa。

第二，与石质文物本体很好兼容、耐久，不易产生剥离。在化学成分、性质上与古月桥的火山角砾岩较为接近，防止因所含盐分不同，而在结合处发生析盐等病害，对本体石材产生破坏。

第三，易于清理，在石材上基本无残留，具有较强的可逆性。

第四，考虑到施工的要求，材料应该具有较好的可灌性，所以材料的强度指标应以净浆为准，不应添加集料。

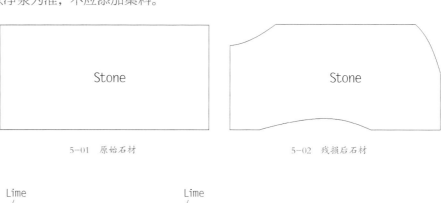

5-01 原始石材　　　　　　　　　　　5-02 残损后石材

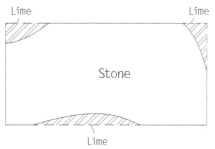

5-03 修复后石材

（二）基础材料的比选

在确定了"牺牲性"材料的指标后，需要寻求一种能满足使用的材料，通过对比数种材料，发现传统的石质修复材料存在一些弊端。比如水泥基材料与传统石材等不兼容，水泥中的水溶盐会严重损坏石质材料；高分子材料（如环氧树脂）与石材的物理化学性质差异更大，在实践中出现了更多更严重的兼容性问题，主要表现为强度太高、发脆，老化产物与石材完全不同，不吸水，不透气。

本着"牺牲性"材料应与古月桥原有火山角砾岩性质相近的原则，天然水硬性石灰材料吸引了我们的注意。首先，其矿物成分与原石材相近。其次，它具有收缩变形性小、孔隙率大、透水性及透气性良好的基本性质，以及较强的抗冻融、水稳定性、耐温湿度循环变化的影响，且具有抵抗碱性介质侵蚀的能力。在以往的研究与工程应用中，它也体现出比水泥和有机树脂高分子材料更可靠的性能。因此，项目组决定以天然水硬性石灰材料为基材进行改性研究，使其能够满足"牺牲性"材料的指标。

（三）"牺牲性"保护材料的研究方法和路线

针对水硬性石灰基材料在古月桥的应用开展如下的研究工作。

（1）水硬性石灰基材料的制备研发，研究的新材料满足的指标要求：测试方法按《水泥胶砂强度检验方法(ISO法)》（GBT17671-1999）进行，在自定水胶比和不掺加集料的情况下，水硬性石灰净浆的100天抗压强度到达10MPa，抗折强度达到1.2MPa。

（2）制备新材料材料性能测试试验：7天、28天抗压—抗折—粘接（石灰、石材）强度，并对现场及工地的308天完整石灰硬化周期的全周期对比试验，每28天一次对比。

（3）制备的新材料矿物分析（XRD）及物理参数泊松比、孔隙率和密度测试。

（4）制备的新材料性能及与既有石材协同工作性能试验研究（耐酸、耐碱、耐紫外线性能）。

（5）相应的修复应用施工方法。

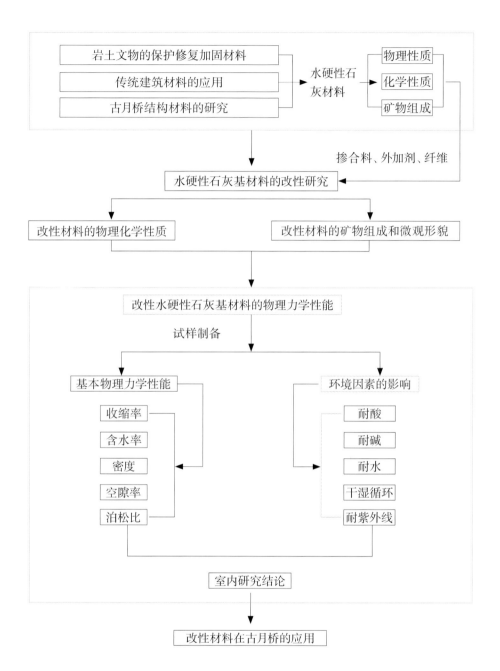

5-04　"牺牲性"修复材料的研究方法体系

（一）材料基本原理

将不同养护条件、养护时间的标准试样进行粘接、抗压、抗折试验等性能试验，并模拟环境条件进行应用试验。

水硬性石灰的矿物分析以及力学性能结果（XRF/XRD）如下。

表5-1　水硬性石灰主要成分（%）

成分	氧化钙	二氧化硅	氧化铝	氧化镁	氧化铁	氧化钾	三氧化硫	氧化钛
测试结果	70.7	15.2	5.32	2.64	2.33	1.84	1.00	0.36

表5-2　纯水硬性石灰净浆力学性能

成分	抗折强度/MPa			抗压强度/MPa		
纯水硬性石灰	7d	28d	100d	7d	28d	100d
	0.40	0.44	0.56	1.63	2.00	3.69

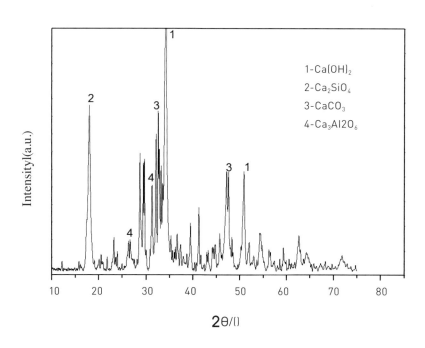

5-05　石灰 XRD 分析图

1　Yang F, Zhang B, Liu Y, Wei G, Zhang H, Chen W, Xu Z. Biomimic conservation of weathered calcareous stones by apatite [J]. New J Chem. 2011, 35(4): 887–892.

2　试验所采用的外加剂分别为黏性助剂，白色粉末；黏结助剂，白色粉末；触变助剂，白色粉末；抗裂助剂，白色粉末四种。外加剂产自上海德赛堡建筑材料有限公司，品名为碧林，以提高材料抗裂性，改善流动性和黏结性。

天然水硬性石灰（NHL2）中主要的成分为 $Ca(OH)_2$、SiO_2、$CaCO_3$（方解石晶型）和 C_2S（硅酸二钙），其中起气硬性作用的组分为 $Ca(OH)_2$，其水硬性作用的组分为 C_2S。其固化机理分为两个部分：

水硬机理：$2CaO \cdot SiO_2 + nH_2O = xCaO \cdot SiO_2 \cdot yH_2O + (2-x)Ca(OH)_2$

气硬机理：$Ca(OH)_2 + CO_2 = CaCO_3 + H_2O$

在水硬性石灰与水接触后起到水硬组分的 C_2S 首先发生水化反应，生成水化硅酸钙（CSH）和 $Ca(OH)_2$，随后空气中的 CO_2 和 $Ca(OH)_2$ 反应生成 $CaCO_3$。为了保证水硬性石灰能够充分的水化，在制备水硬性石灰浆体以及后续的养护过程中，应该保证试样能够充分与外界接触[1]，与外界充分接触有助于水化以及碳化过程的进行。

通过以上测试结果可以发现，纯的水硬性石灰净浆 100 天的抗折强度和抗压强度分别为 0.56MPa 和 3.69MPa，力学性能太低，需要通过改性，使其能满足性能的要求。

（二）试验配比初选结果和性能分析对比

为了提高水硬性石灰的力学性能，项目分析比较了多种添加改性材料，并初步筛选出几种配合比进行了测试，包括石灰—矿粉体系的力学性能、外加剂[2]、对水硬性石灰的力学性能影响和外加剂对水硬性石灰—矿粉体系的力学性能影响。考虑到水硬性石灰的长期性能决定了其工程应用，在温度（20±2）℃，RH(50±5)% 的条件下养护。测试养护龄期分别为 7 天、28 天、50 天试件的抗折强度和抗压强度，筛选出几种典型水硬性石灰体系如图所示。

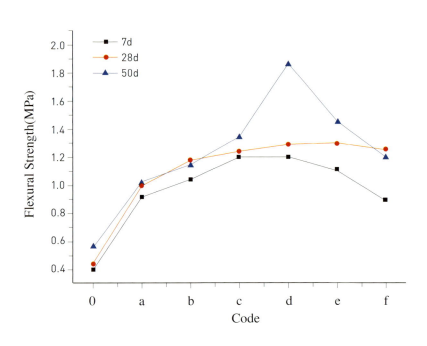

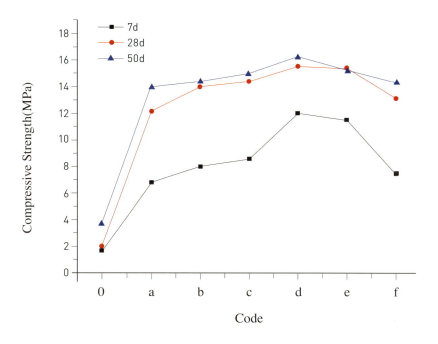

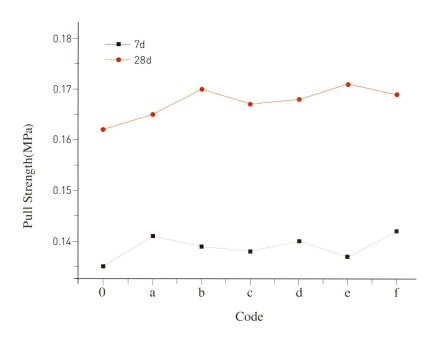

5-06 石灰—矿粉体系的力学性能

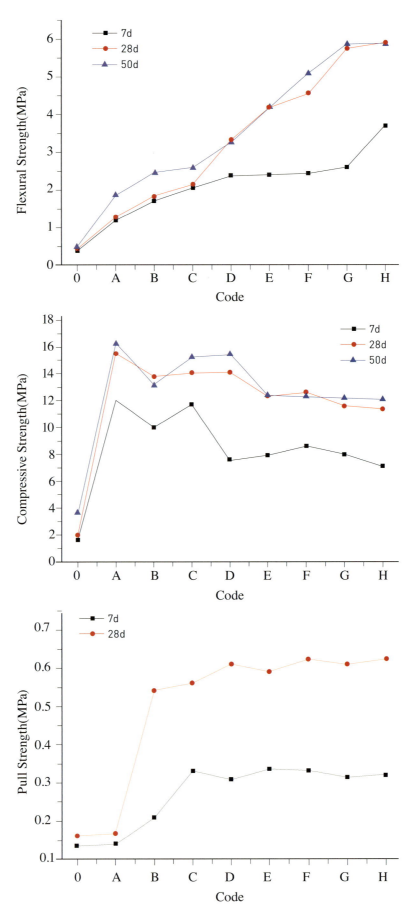

5-07 外加剂对水硬性石灰—矿粉体系的力学性能

为了更直观对比不同组成的水硬性石灰材料的力学性能，以 0 号试样（纯的水硬性石灰净浆）为基准，将 0、A、B 和 D 试样 50 天的力学性能列于表5-3。

5-08　50天石灰净浆试件

表5-3　典型配合比试样50天力学性能

试样编号	抗折强度/MPa	提高率%	抗压强度/MPa	提高率%	拉拔强度/MPa	提高率%
0	0.56	–	3.69	–	0.162	–
A	1.86	232	16.26	340	0.168	3.7
B	2.46	339	13.20	257	0.541	233
D	3.27	483	15.45	318	0.610	276

从表5-3可以看出：① 对于抗折强度：当矿粉和水硬性石灰复合时，抗折强度提高，掺合外加剂后进一步提高；② 对于抗压强度：试样 A 抗压强度最大，外加剂降低了试样的抗压强度；③ 对于拉拔强度：外加剂能够显著提高试样的拉拔强度；④ 综合抗折、抗压和拉拔强度，最优配合比为试样 D。

在多次测试中，矿粉体系材料体现了优异的性能，主要体现在以下几个方面：

（1）矿粉是一种胶凝材料，其使用时能降低水硬性石灰水化热，减少裂缝，提高水硬性石灰密实度，以及体积安定性；

（2）矿粉能填充石灰水化硬化时产生的孔隙结构，而且本身拥有潜在的活性，和石灰混合，能够起到激发剂的作用，促进水化反应，提高强度；

（3）矿粉主要成份是碳酸盐和硅酸盐，与原石材相近，对桥体构件没有腐蚀性，作为修补材料时，能够和岩土质文物良好兼容；

（4）提高水硬性石灰材料耐水、耐盐以及耐干湿循环；

（5）矿粉与水硬性石灰混合后，能够使其保持良好的美观度。

（三）水化硬化产物及微观形貌分析

1. XRD 分析

将 0 和 A 号试样 28 天龄期进行 XRD 测试分析，结果如下。

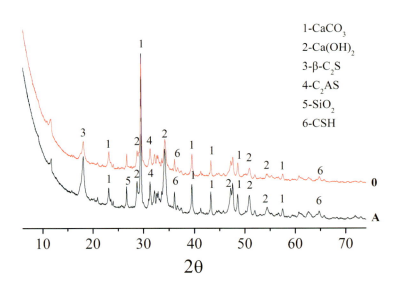

5-09 0、A 号试样 XRD 分析图

两种试样中的 XRD 衍射峰中都出现了 CSH、$CaCO_3$ 和 β-C_2S。掺入矿粉的试样 A 中没有出现矿渣的衍射峰，表明矿渣参与水化的程度较高，且 CSH 衍射峰强度稍有增加。无矿粉的 0 号试样中 $CaCO_3$ 衍射峰强度较高，说明其 $Ca(OH)_2$ 生成量及后期碳化形成 $CaCO_3$ 晶体量较多。

2. SEM 分析

将 0、A 和 B 号 28 天龄期进行 SEM 测试分析以观察其微观结构，结果如下图所示。

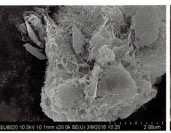

5-10 0、A 和 B 号试样 SEM 分析图

分析结果显示：试样 0 水化产物存在较多 Ca(OH)₂ 晶体，可见少量凝胶状物质填充于微观结构中，但微观结构整体比较疏松，存在大量的裂缝和空隙。加了磨细矿渣的试样 A 除了存在水化产物 Ca(OH)₂ 晶体外，还有较多 CSH 凝胶生成及存在部分未水化的磨细矿渣，CSH 凝胶把 Ca(OH)₂ 及未水化反应的磨细矿渣等组份相互胶结在一起，微观结构比较致密，孔隙率较少。试样 B 是在试样 A 配比基础上，加入了外加剂，可以看出试样 B 的微观中存在更多的团状凝胶物质，且相互胶结在一起，结构致密。

（四）耐久性验证试验

依据相关规范，对几种改性水硬性石灰进行不同条件下的耐久性试验，验证合理体系的水硬性材料性能。

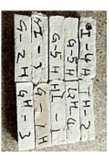

耐酸测试耐碱测试

耐干湿循环测试耐水测试

5-11 耐久性研究

经过耐久性测试试验后，发现添加纤维的试样能够保持较高的抗折强度；在耐水测试后抗压强度略有降低；在耐盐碱和干湿循环试验测试后，抗压强度变化不大甚至增加；在耐紫外线测试后，抗折强度和抗压强度降低，但降低幅度不大。

（五）材料效果评估

水硬性石灰中含有气硬性胶凝材料生石灰 CaO 和 $Ca(OH)_2$，同时又含有一定量的水硬性胶凝材料 β-C_2S。CaO 遇水首先反应生成 $Ca(OH)_2$，反应速度快，强度增长迅速。随后 $Ca(OH)_2$ 发生缓慢碳化反应，生成强度较高的 $CaCO_3$，这一过程是水硬性石灰的一个比较特殊的强度增长过程。在矿粉—水硬性石灰的体系探索中，通过添加矿粉后，$Ca(OH)_2$ 与矿粉中 SiO_2 发生二次水化反应生成 CSH 凝胶、水硬性石灰中 β-C_2S 发生水化反应等，能够继续促进后期强度增长。增加矿粉掺量，一方面二次水化反应有所加强，同时矿粉颗粒能够改善硬化浆体颗粒级配，起到颗粒增强的效果，因此强度有所提高。

仅添加矿粉改性后，得到的胶凝材料黏结强度较低。通过添加抗裂阻剂、黏结阻剂、触变阻剂和黏性阻剂后，能够提高水硬性石灰的黏结强度，使其和岩质材料牢牢地结合在一起。外加剂的加入提高了水硬性石灰的体积安定性，提高抗裂性，改善了流动性，收缩率降低，减少了内部裂缝的产生。

此外，在材料配合比的实验中，填加了一定量的聚乙烯醇纤维，这些纤维乱向分布在试样中，增加了试样的韧性，提高了试样的抗折强度，也在一定程度上提高了水硬性石灰的耐久性。

矿粉、外加助剂和聚乙烯醇纤维的掺入，能够提高凝结时间、泊松比，降低收缩率和孔隙率，使改性试样浆体变得密实，水化产物 CSH 凝胶含量提高。经过改性的水硬性石灰基材料，50 天抗折强度和抗压强度分别能够达到 3.27 MPa 和 15.45 MPa，提高率分别达到 483% 和 318%，并且有良好的耐久性，达到了牺牲性材料所要求的基本性能。试验研究工作可以证明，以水硬性石灰为主要组分的新材料是古月桥石材节点修复较为理想的材料。

（六）成果专利

古月桥修缮设计中研发的改性水硬性石灰基材料及其制备方法，是针对现有技术的不足与满足石桥文物修复对材料性能的要求而进行的，并最终完成了研发目的，满足了工程加技术要求，实现了良好的效果。该材料具备原料容易获得、制作工艺相对简单，且效果显著的特点。该材料及其制备方法于 2015 年 10 月进行了专利申请，并在 2017 年 7 月正式公告获得中华人民共和国国家知识产权局的发明专利，专利号：ZL 2015 1 0667091.9。

5-12　发明专利证书

古月桥保护修缮工程报告　Conservation Project of Guyue Bridge

三·材料配比与优化实验

古月桥修缮设计方案中提出，经过改性的水硬性石灰基材料是古月桥石材节点修复较为理想的材料，50天抗折强度和抗压强度分别能够达到3.27MPa和15.45MPa，并且有良好的耐久性，达到了"牺牲性"材料所要求的基本性能。根据抗折、抗压、拉拔强度和耐久性方面的综合考量，建议该"牺牲性"材料的基础配合比为40%水硬性石灰+60%矿粉+0.8%四种外加剂+0.5%聚乙烯醇纤维。

为落实浙江省文物局关于全国重点文物保护单位古月桥修缮工程设计方案和施工图的审查意见（浙文物发〔2015〕368号），通过实验室试验确定水硬性石灰基材料的施工详细配比，并在现场进一步实验验证其各类性能。本次修缮采用"牺牲性"材料的主材是产于德国的天然水硬性石灰。该产品曾应用于广西花山岩画、天安门金水桥、杭州白塔、杭州九星里石库门等文物保护单位的修复。由于文物本体材料保护的单一性、特殊性和复杂性，保护效果与本体岩性、材料成分、周边环境、施工工艺等多种因素有关，故在大面积实施材料保护前，必须要对材料的适用性进行研究，以确定施工材料的优化配比。

本次实验室试验主要是在设计方案提供基础配比的基础上，根据已有符合施工设计要求的材料性能（目标抗压强度为10MPa～20MPa，目标抗折强度为1.2MPa）的实验室配合比，进行试验验证和配合比优化，以符合施工现场的具体要求。

（一）保护材料配比

1.试验材料
德国水硬性石灰、矿粉、纤维，外加剂。

2.试验材料配比设计
保护材料配合比如表5-4所示，其中A组为设计方案的基础配比，其余各组为探究适合施工现场的优化配比。

表5-4 各组成分配比表

编号	石灰%	矿粉%	黏性助剂%	抗裂阻剂%	触变阻剂%	黏结助剂%	纤维%	水胶比
A	40	60	0.8	0.8	0.8	0.8	0.5	0.51
B	40	60	0.8	0.8	0.8	0.8	0.5	0.52
C	40	60	0.8	0.8	0.8	0.8	0.5	0.53
D	40	60	0.8	0.8	0.8	0.8	0.5	0.54
E	40	60	0.8	0.8	0.8	0.8	0.5	0.60
F	40	60	0.8	0.8	0.8	0.8	0.5	0.65

考虑到增加水胶比降低了材料强度，所以既要满足流动性又要满足材料强度，在表5-5所示的实验组中加入了1%的减水剂。

表5-5　各组成分配比表（增加减水剂）

编号	石灰%	矿粉%	黏性助剂%	抗裂阻剂%	触变阻剂%	黏结助剂%	纤维%	水胶比（添加1%减水剂）
G	40	60	0.8	0.8	0.8	0.8	0.5	0.65
H	40	60	0.8（灌浆）	0.8	0.8	0.8	—	0.70
I	40	60	0.8（灌浆）	0.8	0.8	0.8	0.5	0.70
J	40	60	0.8	0.8	0.8	0.8	0.5	0.65
K	40	60	0.8	0.8	0.8	0.8	0.5	0.65
L	40	60	0.8	0.8	0.8	0.8	0.5	0.65

注：J、K、L试块组放置在古月桥现场养护，现场养护时间为180天，其余各组分别放置在实验室标准养护和实验室附近某桥下（模拟现场环境）养护。

3. 材料配制

将水、石灰、矿粉、各种添加剂按照设计配比称量，在水泥净浆搅拌机中搅拌均匀，按设计数量在模具中浇筑抗压、抗折试件，并放入实验养护室标准养护3天，成型后拆模，放置于古月桥现场、实验室及与古月桥环境相似的桥下自然养护。

5-13　试验原材料称量，置于水泥净浆搅拌机中搅拌

5-14 石灰浆体试件浇筑与试件浇筑成型

5-15 标准养护与自然养护

5-16 搅拌机与水泥净浆稠度仪

（二）保护材料试验

1.流动性试验

为检测不同配比保护材料的流动性及其与水胶比的函数关系，在每组配比搅拌完成入模的同时，用水泥稠度仪对其进行稠度测试，得到各组石灰浆体沉入度数据如表5-6。

表5-6　各配比条件下石灰浆体沉入度表

组别	沉入度/mm	组别	沉入度/mm	组别	沉入度/mm
A	10	D	30	G	42
B	18	E	34	H	52
C	22	F	38	I	62

绘制出沉入度与水胶比的折线图，并对其函数关系进行了拟合，从而进行定量控制水胶比来调节石灰浆体的流动性。

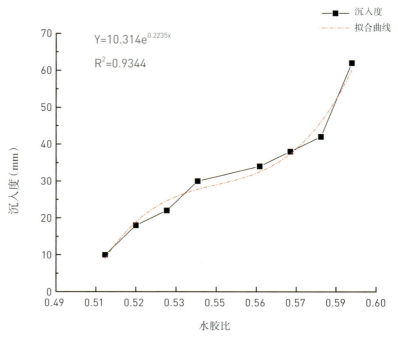

从以上拟合图可以看出石灰浆体的水胶比与其沉入度有一定的函数关系，即 $Y=10.314e^{0.2235x}$，其拟合优度为93.4%，可见水胶比与沉入度有较大的相关性。在实验室或现场施工对石灰浆体的稠度进行调节时，采用以上函数关系，可以较大程度地提高试验及施工效率。

2. 体积安定性试验

为检测保护材料在不同室外环境条件下的体积变化，取 G、I 组进行干湿循环环境下的体积安定性试验。试验前先量取3个试块的尺寸，然后将3个试块置于干湿循环环境中操作30个周期，测出试验后3个试块的尺寸，计算出试验前后3个试块的体积变化率。

表5-7　石灰浆体体积变化率表

组别	实验前（长×宽×高，mm）	实验后（长×宽×高，mm）	体积变化率（%）
G	160.0×40.0×40.5	160.0×39.6×40.2	1.7
	160.5×40.4×40.3	160.2×40.0×40.0	1.9
	160.5×40.0×40.1	160.3×39.8×39.8	1.4
I	160.0×40.0×41.0	160.0×39.8×40.4	2.0
	161.0×40.0×40.0	160.6×39.6×39.4	2.8
	161.0×40.0×40.0	160.3×39.4×39.8	2.4

从实验结果可以看出，材料的体积收缩率在 1.4% ~ 2.8%，可见试块体积收缩率较小，能满足施工设定理论值体积变化率不大于 3% 的要求，水胶比较小的 G 组体积收缩率较小，水胶比较大的 I 组体积收缩率则相对大些。总体来讲，G 组和 I 组配比材料适合在湿度较大的环境下施工，修复材料在后期不会对结构稳定性造成影响。

3. 抗折、抗压强度试验

为检测保护材料的抗折、抗压强度是否满足古月桥灌浆以及修复的强度要求，达到设计要求，将石灰浆体在桥下自然养护 28 天、50 天后，将试件做相应的抗折强度、抗压强度试验，得出各项强度数据。

5-19　抗压试验与抗折试验

表5-8　各配合比条件下石灰浆体强度

编号	抗折强度/MPa		抗压强度/MPa	
	28天	50天	28天	50天
A	1.74	1.92	27.46	31.32
B	1.62	1.82	26.14	27.80
C	1.40	1.72	25.38	27.56
D	1.34	1.70	24.78	26.58
E	1.32	1.66	24.43	26.23
F	1.28	1.58	21.35	25.80
G	1.36	1.64	21.87	26.40
H（未加纤维）	0.39	0.51	16.75	19.35
I（加纤维）	1.07	1.58	17.70	21.10

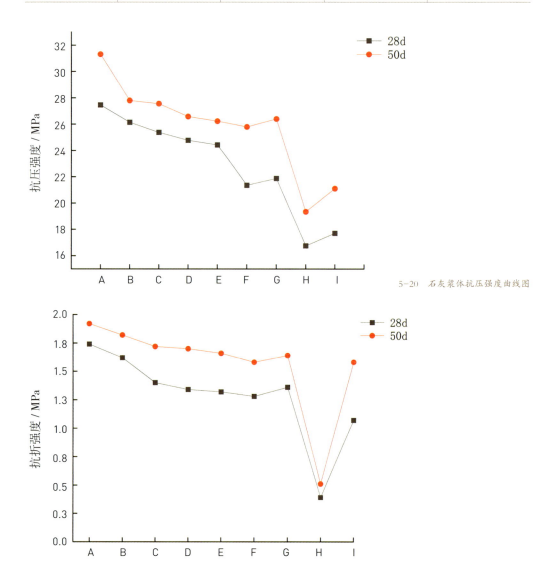

5-20　石灰浆体抗压强度曲线图

5-21　石灰浆体抗折强度曲线图

表5-9　J、K、L石灰浆体现场养护 180 天的抗折强度

编号	抗折强度/MPa	抗压强度/MPa
J	1.51	16.83
K	1.65	24.98
L		16.68

注：表中 L 组现场留样试件由于形状原因不宜做抗折试验，故只做抗压试验。

从试块的 28 天和 50 天的抗压、抗折强度的折线图分析对比来看，石灰浆体材料的强度总体上呈现随水灰比的增加而减小的趋势（即拌合含水越多，强度越低）。对比 F、G 组可以看出同在 0.65 水胶比条件下，添加一定比例的减水剂可以较好地增加古月桥修复材料抗折、抗压强度。从图 5-21 中 H 组（未加纤维）和 I 组（加纤维）的对照可看出，纤维对材料的抗折强度影响比较大，无论在 28 天龄期还是 50 天龄期，H 组的抗折强度明显低于 I 组，所以在满足施工材料流动性能的前提下加 0.5% 的纤维，可较好地增强材料的抗折强度。添加纤维对抗压强度也有一定程度的提高。单从强度上来看，各组试块，特别是拟选定施工修复的 G 组配比和灌浆加固的 I 组配比，在龄期 50 天都能满足设计要求的抗折强度大于 1.2MPa、抗压强度大于 15MPa 的要求。由于实验室养护环境要好于施工现场，所以强度略大于 20MPa，在现场由于各种原因可能强度会打折。保守起见目前材料的强度能很好地满足施工现场的实际要求。在 180 天古月桥现场养护后的 J 组和 K 组配比试件块，其抗折强度变化率很小，在 0.6% ～ 7%，抗压强度较实验室养护低，但仍然满足设计要求，可见该配比材料可以达到设计以及施工要求。

4. 粘接强度试验

古月桥修复材料各种配比粘接强度的大小直接反映了材料与灌浆石材基体的紧密程度，本试验则用 HC-2000A 智能粘接强度检测仪对选定 0.65 水胶比修复材料在不同粘接面积条件下测定了其在 14 天和 28 天粘接强度，得出数据如表 5-10。

5-22　粘接强度检测仪

表5-10　石灰浆体粘接强度实验数据

拉拔试块尺寸（mm）	14天		28天	
	破坏拉力（kN）	破坏强度（MPa）	破坏拉力（kN）	破坏强度（MPa）
45×45	0.368	0.18	0.410	0.20
	0.426	0.21	0.473	0.23
	0.484	0.24	0.489	0.24
45×90	0.990	0.244	1.031	0.25
	0.896	0.21	0.963	0.23
	0.944	0.233	1.122	0.27

绘制 0.65 水胶比条件下各试验组粘接强度在 24 天和 28 天时的曲线图。

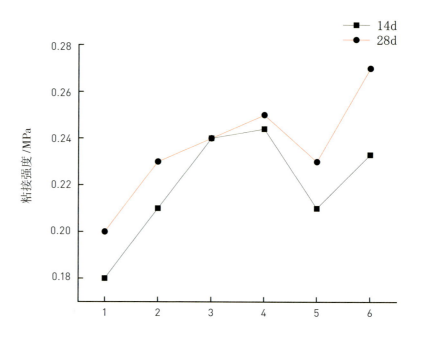

5-23　粘接强度曲线图

石灰浆体粘接强度最初设定理论范围为破坏强度达到 0.20MPa ~ 0.30MPa。从表5-10 并结合曲线图分析来看，14 天的粘接强度只有一组不满足要求，28 天时石灰浆体为模拟现场情况，破坏强度乘以 0.9，保守计算各组粘接强度的破坏强度均处于 0.20MPa ~ 0.30MPa 合理区间内，且 28 天时粘接强度较 14 天时有较大的增强，即表明从长期来看，该配比可以满足现场施工要求。

（三）试验结论

（1）试验提供了一个定量调节石灰浆体水胶比与其流动性的函数关系，为实验室试验以及现场大体量施工提供了参考，有利于节约试验或者施工材料，准确控制施工质量。

（2）适当添加减水剂可以改善石灰浆体的流动性并且增强其强度。同时，对于大裂缝的灌浆剂，添加一定量的纤维可有效提高石灰浆体的抗折强度。

（3）满足施工要求的水胶比在 0.65 ~ 0.70 时，体积收缩率在 1% ~ 3%，适用于类似角砾岩性的古建筑修复加固，水胶比在 0.70 时则适用于该类石质古建构件节点以及小裂缝的灌浆修复。

（4）水胶比为 0.65 的修复材料与水胶比为 0.70 灌浆加固材料各项性能在短期内相对稳定，长期稳定性有待进一步的监测验证。

四·『牺牲性』保护材料研究小结

本章的研究内容主要是为达到方案设计中限制石构件残损节点位移以及阻止强度继续弱化的目的，研发"牺牲性"材料进行石构件残损节点强化。这种方式既可满足防止节点继续弱化的目的，又满足文物保护"最小干预"的原则。

保护材料试验研究是《中国文物古迹保护准则》中的基本原则和要求，也是文物古迹研究性保护实施中的重要环节。通过对水硬性石灰基材料的改性研究，设计出了适合古月桥石构件节点的补强材料实验室配合比，并通过模拟老化试验，各项物理力学性能指标均符合要求。由于现状石构件存在不同残损状态，选用的施工机具和施工工艺也有所不同，保护材料需要在实验室配合比的基础上优化调整为施工配合比。整个实验室和工程现场研究工作持续了近两年的时间，完成了近 150 组试块的测试，最后根据古月桥不同节点破坏形式和修复施工工艺，提出相应的材料施工配合比，以确保达到既定的修复加固效果。

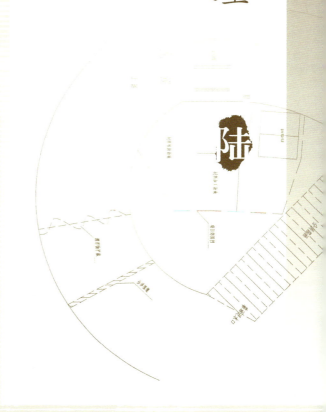

施工组织与管理

陆

古月桥修缮工程的施工组织与管理，坚持方案优先、注重质量、安全至上、技术规范的原则。为确保工程顺利实施、工程质量合格、资金使用规范、管理高效科学，根据《文物保护工程管理办法》《中国文物古迹保护准则》等规范，对古月桥修缮工程的组织实施、施工方案、技术指导、现场管理、资料收集整理、质量控制、安全保障以及工程竣工验收等建立了科学的管理机制。

一·施工组织

（一）预算编制和招投标

古月桥修缮工程项目设计方案和施工图批准后，2016 年 1 月，业主单位委托浙江诚远咨询有限公司编制完成该项目的招投标控制价编制报告，预算总造价为 199.3 万元。施工过程中的材料优化试验、检测与监测等技术服务费用不计在内。

2016 年 1 月 15 日，经公开招投标，浙江义乌市宏宇古建园林工程有限公司以 185 万元的中标价中标。该公司具有文物保护施工一级资质，企业法人季冠军。当年 3 月 15 日，该公司与建设单位义乌市文物保护管理办公室签订了建设工程施工合同，合同备案登记号为 SGHT 20160122。

（二）施工组织方案

古月桥预防性保护工程考虑到项目的特殊性，建设单位要求施工单位项目经理会同技术服务单位负责人，针对工程特点与难点、施工材料、施工流程与工序、各分项分步施工方法与技术要点、质量和安全措施等方面的具体问题，编制切实可行的施工组织方案和技术方案。

1.编制依据

编制依据主要是文物行政部门对本项目的批准文件、施工和技术服务合同、设计方案和施工图集等，主要包括：

（1）国家文物局关于古月桥修缮工程立项的批复（文物保函〔2014〕1693 号）；

（2）浙江省文物局关于全国重点文物保护单位古月桥修缮工程设计方案的批复（浙文物许〔2015〕23 号）；

（3）浙江省文物局关于全国重点文物保护单位古月桥修缮工程设计方案（修改稿）和施工图的审查意见（浙文物许〔2015〕368 号）；

（4）《古月桥勘察修缮设计方案》和施工图；

（5）《古月桥修缮工程施工合同》；

（6）《古月桥修缮工程文物科技保护技术服务合同》；

（7）《古月桥施工期间结构安全监测合同》。

2. 工程概况

本工程为国家文物局批准立项的全国重点文物保护单位修缮工程。工程地点位于浙江省金华市义乌市赤岸镇雅治街村西 100 米处的龙溪。

本次修缮工程的范围包括核查加固桥台、桥基的基础，桥梁结构构件的加固，桥体填充防水层的修复，桥面板的补配以及桥面植物根系的清理等等。

工程特点有别于一般的修缮工程，遵循预防性保护理念。其设计原则是在确保桥梁结构安全的前提下，对桥本体结构尽量少扰动、少干预，材料要可逆，施工工艺尊重当地传统的做法，修缮方案采用"牺牲性"材料对桥体结构进行节点位移限制和结构补强加固。

施工技术难点有三点：

（1）用于注浆填充的"牺牲性"材料——改性水硬性石灰材料现场配制和施工工艺；

（2）施工过程中的结构安全保障；

（3）对桥面板实施拆卸及侧石归安过程中如何确保桥体稳定等。

3. 施工组织

施工单位组建了以项目经理徐金明为首的管理班子，明确项目工程施工责任制，实行项目工程核算制，由项目经理、副经理、技术负责人、施工员、安全员协同主抓施工生产和安全管理，资料员及时准确地采集施工信息和收集技术资料。项目部下设各职能部门，明确各项目部领导及主要管理人员的职责。

专业技术工人的组织计划。根据本工程特点和实际情况，现场劳动力主要划分为以下四大班组：

（1）石作加工和石构件维修技术班组：负责桥体桥面石构件修缮砌筑的施工；

（2）泥工技术班组：负责沙土垫层、三合土防水层和灰土铺装层的施工；

（3）架子工技术班组：负责桥体结构支撑和两侧维护脚手架搭设施工；

（4）普工辅助班组：负责临时支撑结构的基础施工和材料搬运等。

高峰期拟投入劳动力 19 人，其中石作班组 5 人，泥工技术班组 3 人，架子工班组 3 人，普工辅助班组 4 人，电焊、机电维修、吊车司机和挖掘机司机各 1 人。

4. 施工部署

本工程质量目标要求按国家施工验收规范达到一次性验收合格标准。

工期为 360 天（汛期和大雨、刮风等恶劣天气无法施工的天数除外）。从 2016 年 4 月 28 日开工，至 2017 年 11 月 17 日竣工初验，文明施工目标达到优良。

工程任务和计划如下。

2016 年 3 月，完成图纸会审和技术交底，对现状进行详细勘察和二次详勘，进行编号记录，编制施工组织设计方案。

2016 年 4 月至 9 月，材料实验室优化试验，开展对补强和灌浆用"牺牲性"材料配比和施工工艺优化试验，取得各类性能指标数据。

2016 年 4 月 28 日进场施工，清理场地，临时围护。

2016 年 5 月 1 日至 15 日，在桥梁上游进行临时围堰，搭建简易脚手架。对古月桥拱券石梁和横锁石进行编号，开展石构件现状检测，工作完成后脚手架予以拆除。汛期在上游安装漂浮物拦截用的钢管架。

2016 年 5 月 15 日至 9 月 2 日，汛期停工。停工期间安排夜间轮班。大雨天气安排人员蹲点值守，随时打捞漂浮的树枝等，保持泄洪畅通。

2016 年 9 月 3 日至 22 日，开展围堰作业。用抽水机抽干施工作场的渗水，浇铸脚手架基础，制作安装钢管支撑架，布设施工监测装置。

2016 年 9 月下旬至 12 月中旬，配合技术服务单位在古月桥现场进行材料优化试验，选取工程适用的最佳材料配比。

2016 年 12 月 15 日至月底，用去离子水清洗桥拱券石梁、横锁石、桥基和桥台石构件表面的污渍、青苔和微生物等。

2017 年 1 月上半月，完成对古月桥现场石构件灌浆加固实施工艺优化及现场试验，对清洗前后补强材料的灌浆实验效果进行检测及数据对比。

2017 年 1 月下半月至 2 月底，对古月桥石梁、横锁石和桥基、桥台部位缺损的石构件进行修补，并对石梁和横锁石连接的节点端部用"牺牲性"材料进行补强加固施工。

2017 年 3 月，拆除横锁石和石梁灌浆加固临时设置的模具，开展补强材料的强度检测试验。

2017 年 3 月中旬至 7 月上旬，汛期停工，工地需安排人员值守。汛期加强对河道的巡查，随时清理树枝等飘浮物。

2017 年 7 月，对 3 ~ 4 轴第三根贯穿缝断梁（编号为 C34）进行修补加固模拟试验，由施工单位和技术服务单位共同配合完成。

2017 年 8 月上旬，清除桥面和侧墙石缝隙中的杂草，仔细清理植物根系，对较大的根系进行霉根处理。

2017 年 8 月中下旬，清洗侧墙石表面的积尘和微生物，侧墙石整理归安，用碎石填补侧墙石空鼓部分，然后用"牺牲性"材料进行灌浆补缝。

2017 年 9 月至 10 月上旬，拆卸桥面板和压阑石，统一编号，按顺序在规定场地内分类平放。挖除原有的沙土垫层，过筛以清除植物根茎，装筐待用。补配缺失的横铺石。压阑石清洗后修补归安，用三合土灰浆坐浆。进行桥面防渗水工程施工。按原样铺设桥面板。

2017 年 10 月中旬，实施石构件连接处节点修补材料随色处理。

2017 年 2 月至 11 月，完成古月桥石材保护材料及效果监测，和实验室留样进行对比监测。

2017 年 11 月，进行竣工初验。

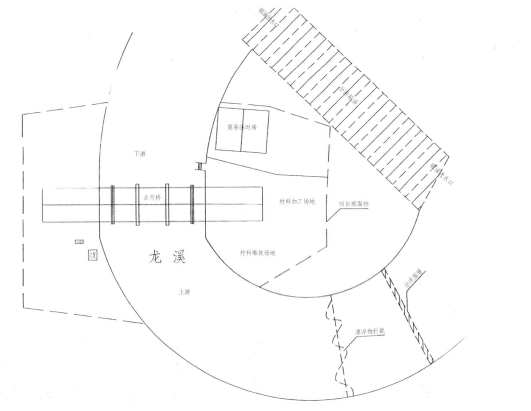

6-01　施工总平面布置图

施工进度计划

施工内容 \ 工期	30天	60天	90天	120天	150天	180天	210天	240天	270天	300天	330天	360天
进场、场地清理	▬											
脚手架搭设	▬											
清洗		▬▬▬▬▬▬▬▬▬▬										
断梁加固补强		▬▬▬▬▬▬										
节点加固补强				▬▬▬▬▬▬▬								
底板修复							▬					
桥面基层								▬				
外包石修整									▬			
桥面铺装									▬▬▬▬			
压阑石归安										▬▬		
竣工验收准备												▬

6-02　施工进度计划

5. 施工准备

本工程的施工准备工作由施工方和技术服务方共同完成，施工方主要进行手续办理、施工用水与用电、临时设施、工料、技术和机械设备等方面的准备；技术服务方主要负责"牺牲性"材料的配比和优化试验，施工前二次详勘及其编号，帮助绘制技术工艺流程和施工技术方案。

施工方与建设方完成施工合同签订等必要的工程施工承建手续后，立即组织人员进场，与雅治街村商议施工用水、用电等事宜，进行临时设施的建设。施工用水直接从龙溪获取。施工用电从雅治街村配电房内接入，现场设置分电箱、电表及漏电保护装置，设三级触保，动力用三箱电，设控制开关，所有电线均须架空。

临时设施包括材料堆放用的临时仓库、现场实验室、汛期分洪、临时监测站建设和河道围堰等；编制防汛工程应急预案，并组织相关人员学习，预备好防汛物资。在龙溪上游50米位置进行河道围堰，雨季汛期做好基坑加固，并配置一定数量的潜水泵，由专人负责看管，保证施工顺利。按文明施工要求做好"五牌一图"，做好施工现场围护、道路封闭和警示标识牌制作等，放样场地和古月桥本体上均须搭设防护棚，避免雨淋。

工料准备是工程顺利开工的关键。进场前按设计要求编制各种材料、机具、设备等使用计划，并按计划要求落实货源，签订好材料供应合同，以确保不影响工程的正常施工。施工材料主要包括"牺牲性"材料制备所需的原材料、石材和中间填充层的碎石及三合土材料等；工字钢、箱型钢、钢管等，用于搭建临时预防性支撑结构和脚手架。"牺牲性"材料制备所需的原材料按技术服务方提供的材料清单采购。

机械设备主要包括用于河道围堰和疏浚施工的挖掘机，支撑结构基础施工使用的砼振动机和水泵，支撑结构所用材料吊装用的起重吊机，安装使用的电焊机等。为保证按原工艺维修，除临时设施和部分技术措施项目采用机械设备辅助施工以外，古月桥文物本体维修全部采用纯人工方式完成。在古月桥维修高峰期，需配置混凝土振动机2台、泥浆泵和潜水泵各2台、电焊机1台、挖掘机1台、起重吊机1台。施工灌浆用机包括玻璃胶枪、针筒、搅拌机、铲刀、搅拌桶等。

（三）施工技术要求

根据《古月桥勘察修缮设计方案》，技术服务方协助施工方编制施工技术方案。通过试块制备和材料性能检测，对材料做进一步的实验验证和配比优化，以符合施工现场的具体要求。根据二次详勘结果，对设计方案深化和调整提出建议，并与设计方一同为不同残损节点制定适合的修复技术施工方案，绘制一对一的施工修缮指导书，确保达到既定的修复加固效果，并在现场预留试块进行修复效果的监测和数据对比，为精细化施工创造条件。

1. 信息记录和数据采集

施工前和施工过程中的每个阶段，都必须做好信息记录和数据采集等工作，包括文字、图纸、照片以及反映施工工艺流程的清晰影像资料，留下完整的工程技术档案资料。先按照设计图纸对文物本体的各构件进行编号、记录，复测、校核原有尺寸，与施工图纸进行对照，在图纸上按轴线对石梁和横锁石的连接节点进行编号。做好详细的二次详勘记录；拆除桥面压阑石、桥面板等构件时，须做好编号、记录，依次堆放并妥善保管。编号时应注明轴线方位及顺序号,如 A1-9,F1-9,按轴线依次编号。在拆除桥面石板前，应先在图纸上按编号次序对每块桥面板进行标注，并按标注的顺序号结合轴线方位在桥面板上做相应编号，如东南侧桥面板编号 AB-12-n、AB-23-n、BC-12-n、BC-23-n，中部一列的纵向条石依次编号为 CD-n，西北侧桥面板分别编号为 DE-45-n、EF-45-n、DE-56-n、EF-56-n 依次类推编号。

2. 施工顺序和流程

古月桥修缮工程是个边施工、边监测、边验证的过程，本着审慎施工原则，先试验，效果监测符合设计参数要求后，再行施工。施工过程坚持实时监测。

施工顺序：总顺序按先下而后上顺序。桥面拆卸和施工时水平方向从桥面中间向两侧平衡对称施工，桥下部分施工时每根轴线上从 A ~ F 连续施工。垂直方向为非连续施工。

3. 审图和设计交底

2016 年 3 月 16 日，由建设方召集设计、施工、监理、技术服务各方，在义乌市文化广电新闻出版局召开古月桥修缮工程施工图纸会审和设计交底会议。会议由建设方项目负责人主持，经过审图、设计方案交底、答疑和沟通交流等环节，各方就图纸中存在的个别问题提出疑问，并就工程施工中应注意的事项进行会商，达成如下共识。

本着预防性保护的理念，修缮过程中对原有结构不做任何改变，必须坚持最少干预、按文物原状修复和可逆原则。

预防性支撑钢架和脚手架搭建非常关键。支撑钢架强调预防性作用，不能将钢架直接顶到桥体结构上，造成桥梁卸荷，与桥体有接触的部位要用柔性的材料加以垫护。为确保施工安全，搭建脚手架既要充分考虑桥体支护的结构安全，又要考虑适当的操作空间。

结构支护和安全维护措施必须一直到"牺牲性"材料凝固，能发挥作用时，再行拆卸，防止侧倾和垮塌。

方案中"拆卸桥面石、碎石、压阑石按照自西向东、自北向南的顺序拆除"，这样容易造成桥体不平衡卸荷。方案中"桥面板拆卸后重铺的施工顺序按自西向东、自北向南顺序竖铺方式"，建议进行设计变更，改成纵横两个轴线均从中间向两侧均衡卸载，并按从中间向两侧顺铺方式施工。施工顺序先对桥梁结构的节点作"牺牲性"材料的填充灌浆，待"牺牲性"材料能发挥一定的抗压强度后，再行拆卸桥面。

原设计"三合土填充层铺设 20 毫米"（系笔误），达不到桥面防渗漏的效果，经过四方会商改为 200 毫米厚。

在现场建立一个实验室,对材料进行验证。设计方材料研发人员全面介绍了"牺牲性"材料的性能、主要设计指标参数及保养条件等。该材料采用天然水硬性石灰加适当的辅助材料研发而成，养护条件是 20℃，湿度在 50%，调配需要混合均匀，加水后充分搅拌和震荡均匀。

由施工方购买符合要求的材料，由技术服务方在现场提供调试和技术指导，做出试块，封样，作为检测的依据。

强调施工前对数据和影像资料做详细采集，保留完整的工程记录档案信息。

结构安全的监测，包括施工前、施工中和施工后的监测，特别注意施工过程中的监测。通过定期观测、关键结点安装传感器及目测等办法，以达到实时监测、安全预警的目的。整个监测系统既要能监测重要肋梁和节点部位石材风化的速度，又要监测洪峰期发生的桥体变化，提供实时预警信息。

本工程施工过程秉持依法依规、科学管理的原则。项目各方对工程施工过程管理都非常严谨审慎，注重强化技术指导和项目管理班子建设。古月桥修缮工程施工全过程实施信息化管理，技术服务方开发了一款基于移动客户端应用的系统软件，即"古月桥保护修缮工程信息交互平台"，并为古月桥每个节点建立了一对一的二维码记录信息，将施工过程中每个节点的施工管理信息及时上传至系统管理平台。

（一）设立项目管理网络

建设单位专门组建了项目管理小组，由建设单位正副职亲自担任正副组长，分别负责主持工程项目管理和现场施工管理。施工单位建立现场管理体系，所有项目管理制度、质量管理制度、安全管理网络等均要公布上墙，到岗到位，严格执行。

针对工程特点和难点，建设单位委托浙江科技学院与杭州聚代文化遗产保护科技有限公司承担技术服务，负责古月桥保护材料和施工工艺的试验与优化配比，并委派两名技术员对整个施工过程中的材料配制、监测进行全程技术指导。施工过程中的关键技术环节，聘请浙江古建筑设计研究院、中国文化遗产研究院等单位的专家学者进行图纸和施工方案技术咨询。监理单位设项目总监和驻场监理，项目总监定期或不定期进行质量巡查、驻场监理负责工程质量监督和"五大员"到岗考核等。浙江天权勘察设计有限公司承揽古月桥结构安全施工监测，负责施工过程中和施工后效果的在线监测评估和信息交互平台的运行维护和管理。

施工过程确立重要事项的技术论证会商制度。在临时性防护支撑结构和脚手架搭建方案制定、石构件材料补强、断裂石梁贯穿缝修补加固、桥面板揭除情况下的结构力学计算分析等技术环节，建设和设计、施工、监理、技术服务五方召开技术论证会，经过专家讨论和结构力学的精密计算，制定出切实可行的施工技术方案，以确保施工过程中的结构安全和万无一失。

施工企业有关生产、技术、质量、经济、安全等各项工作实行项目经理负责制，明确管理职责和运行动态管理。

信息交互平台

6-03　修缮工程信息交互平台项目概况二维码信息

信息交互平台

6-04　信息交互平台施工日志

（二）建立信息化施工管理系统

　　古月桥施工交互管理系统包括项目概括、技术交底、施工日志、材料试验等管理模块，项目各方可通过扫码，随时随地进入系统管理平台，及时了解现场每个节点的施工信息，进行意见沟通和反馈，对古月桥修缮工程实施全程监督、跟踪管理。在项目现场，既有"五牌一图"，还制作项目信息展示二维码，项目管理人员通过手机扫描古月桥修缮工程概况二维码，便可获取项目背景、项目建设单位、设计单位、施工单位、技术服务单位等各项信息。这些项目信息如有变化，在系统后台即可做出相应调整，进行项目信息的动态更新与实时展示。现场的管理人员名单及监督电话牌、安全生产牌、消防保卫（防火责任）牌等"五牌一图"也可以通过二维码扫描读取。同时，消防保卫牌、安全生产牌内容下方链接有主要负责人的相关信息，一旦出现险情或者其他状况，施工人员可以及时汇报，确保险情快速解决，最大程度降低工程项目的风险。

　　在现场技术交底的基础上，将技术图纸和文件资料上传至系统网络平台，供项目技术人员查阅共享。也可通过移动客户端留言，就技术交底内容提出意见或者建议，技术人员可组织探讨，管理员将最新交底文件上传至系统网络平台供项目各方参考。技术服务方会将交底资料二维码粘贴至项目施工部位，施工人员现场扫描即可获得施工技术资料，确保按照规定的流程和工艺操作。施工中出现的问题可通过扫描二维码上报技术人员及时处理，这样可不断优化施工工艺，确保施工过程中信息对称，顺利、高效、高质量完成项目施工。项目各方还可通过扫描信息交互平台二维码，点击查阅施工日志，及时了解掌握施

1　古月桥设计施工图中采用字母＋数字轴线编号，如A行、12列轴线间石梁编号为A12。施工过程中详勘记录和信息管理二维码等则采用数字＋字母编号法，编号为12A。因考虑二维码编号无法修改，故本书尊重事实，仍沿用两种编号，可以通用。

工进度和项目组的各项工作管理动态，实现高效管理。

　　修复材料进场之前，由项目质量人员对材料的"三证"及包装外观进行检验，并且通过产品记录码拍照上传至系统网络平台，由项目经理等人员对材料质量进行复核。材料使用前进行多次现场试验，根据古月桥石构件的裂缝及风化缺失程度制定不同的配方及修复实施方案。

　　在材料使用过程中，多次制作对比试块，并及时送标准实验室进行试块各项性能试验，确保每批次材料各项性能指标能够满足古月桥修缮工程的要求。同时，加强对现场工人施工作业的监督，将相关修缮过程及时拍照上传，供项目相关方从各自专业角度发现问题并提出建议，不断优化施工工艺。每批次材料使用完毕，需到工程实体部位采用专用设备对修缮效果再次检测，发现问题及时返工或者补救，提高修缮质量，确保修缮效果。

　　将古月桥30根纵肋石梁按设计方案图上位置，轴线从西至东依次编为1～6轴，每节6根石梁按从南至北（上游→下游）依次编为A～F，并对每节石梁左右两侧的修复节点进行编号[1]。每个编号节点制作一个记录码，技术人员可以从施工前期到施工完成，全过程定期记录每个节点的修复状况，通过拍照和文字描述的方式上传至系统网络平台。从后台可以查看每个节点施工进度及施工效果，项目管理人员可随时扫码查看相关节点施工状况，并就修复状况提出意见，进而改善施工工艺。

　　竣工验收资料信息资源共享。项目各方资料员可以将验收资料的电子文档进行汇总，然后上传至系统网络平台。项目各方人员及验收专家通过信息共享平台，可以便捷地获取项目各项验收资料，了解项目各种信息，对项目进行验收，提高验收工作的透明度和工作效率，同时能够极大程度地节省资源。

　　结合现场验收，对修复效果提出专家验收意见。古月桥现场在每个修复节点处均粘贴有该节点修复情况的二维码。验收专家可在现场扫描二维码，查看每个节点的施工照片记录，并就修复现状拍照点评，提出处理意见和建议。例如，针对2AL节点，专家可以用手机扫码，获取该节点修复施工过程从2016年12月7日至12月16日的5条记录信息，不仅可以了解修缮后的最终效果，还可以了解整个中间过程。专家也

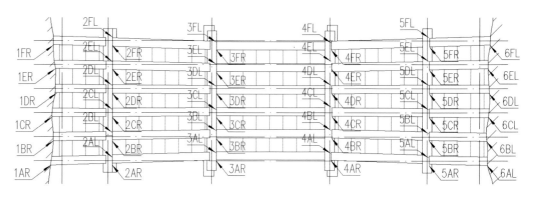

6-05　纵肋石梁和节点编号图

可针对该节点修复过程中的技术问题提出整改意见，并直接通过图片形式上传至系统平台。

（三）工程质量保证体系及管理措施

在材料、配比和施工工艺等各环节做好质量把控，建立和健全工程质量保证体系。一是加强对材料的采购、审核把关和保管等诸环节的质量控制；二是材料配制严格按要求配比和工艺流程，由施工技术员在现场配制；三是技术服务方驻场技术员和驻场监理在场指导，并做好记录。

古月桥施工材料的选购和优化配制是否达标，是确保工程质量的关键。具体有如下管理措施。

（1）建立材料质量控制方案。一是制定材料采购计划。古月桥修缮用的石材最好是搜集与古月桥石构件材质与色差相同或相近的老石材，也可从古月桥附近的本地采石场采购相同材质的火山角砾岩。经现场采样对比，决定从距离工地2千米的环院村采石场采购。修缮材料选择基于水硬性石灰骨料的配比材料。科学组织材料供应计划，建立材料（构件）采购、取样、订货、运输、验收和入库使用程序。对各种主材要求编制采购预算，提出规格和数量要求，由材料部门按采购计划分批看样采购或订货，所有进场材料均须出具质保书和试验报告存档备查，质量员、保管员必须组织检验和办理验收手续。二是加强材料审核监管。项目经理在材料采购前需经过技术负责人的审核，规格、质量符合设计及本工程的质量要求，方可进场。材料购置由材料员专管，特殊材料采购先要有样品，确保实物与样品相符。施工中如遇材料不达标，坚持严格的责任追究制度。三是严格材料保管措施。建筑材料入库、堆放、保管严格按相关制度执行，做到专业化、规范化，材料堆放按就近原则，区分不同型号、规格，分别堆放在固定场所和仓库，并由材料专管员负责。

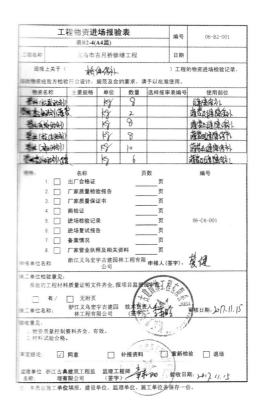

6-06　桥体修补工程物资进场报验表

（2）明确材料选择标准与要求。施工用于节点补强的"牺牲性"材料，必须经过试验验证和检测。其目标抗压强度达到 10MPa~20MPa。补强使用材料为石灰基材料，接近火山角砾岩，可以防止在结合处出现析盐等病害，同时易于清理，在石材表面无残留，具有可逆性。骨料使用采自义乌当地的火山角砾岩碎颗粒。

（3）科学制定材料配比。根据设计方案，需配制两种石灰基材料作为粗集料和细集料，用以满足端头补强及灌缝的不同使用要求。

（4）强化材料实验验证。应对配比好的材料进行 7 天和 28 天的强度试验，验证材料的抗压、抗折强度确定满足设计施工要求。在施工使用前，在现场和实验室同时进行材料试块的制备和养护，每 28 天进行一次强度对比试验，直到 308 天一个完整的石灰硬化周期为止。根据试验数据及结果，决定材料是否满足在古月桥的使用要求。试块需送当地监测部门或单位检测。施工中选用的各种建筑材料，必须要有出厂合格证，并符合国家或主管部门颁布的产品标准。地方传统建材必须满足优良的质量标准。

（四）安全生产及保证措施

1. 施工安全管理

明确安全管理目标，并有针对性地提出一整套安全制度、安全检查、安全保证、安全责任等安全管控措施，采用有效的组织方式和监控手段，确保本工程安全目标的实现。

建立安全责任制。建立和落实项目经理、安全员、施工员、班组长和班组安全员在内的、同行业范围工作标准挂钩的安全生产责任制，签订安全生产责任状，成立以项目经理为首的安全生产领导小组，实行项目经理对本项目的劳动保护和安全生产负总责的责任问责制度。明确各职能部门的安全责任，由工程技术部门负责安全技术规范、规程和工艺技术文件的编制，提出相应的安全技术措施。施工前，技术人员应向安全员、施工人员进行安全技术交底。材料员、施工员、安全员和仓库管理员各自履行所应承担的安全责任。施工现场指定专人负责施工场地、仓库、宿舍的防火、防盗等安保工作。

严格安全监督、检查制度。设立专职的安全管理员，负责日常各项安全技术措施的落实，定期检查和巡查各项安全措施的落实情况，发现事故隐患和违反安全操作标准的行为及时督促整改纠正。

2. 施工技术安全措施

除了落实具体的施工安全防护措施外，本项目施工技术安全措施还包括搭设临时性防护支撑结构，确保桥体施工过程中的结构安全；建立施工过程中的实时监测，通过安装监测设备达到全程监控施工技术安全的目的；注意根据季节和天气变化，调整安全防护措施；建立《古月桥防汛抢险应急救援预案》及防台风、暴雨、雷暴的安全技术措施，汛期加强对洪水的监测以及临时性防护支撑结构的基坑围护，安排人员蹲守，随时掌握洪水预警信息，并做好防汛物资的储备工作。

三·施工监理

（一）监理管理

本工程建设单位委托浙江省古典建筑工程监理有限公司监理。该公司具有文物保护工程甲级监理资质，监理工程师为吴有奶，总监吴德良。

按照监理规范的要求，监理单位委派了 1~2 名现场监理员负责日常监理工作，驻守于工地现场，监理工程师负责定期巡检，解决工程重大问题或召开重要会议通知总监参加。监理单位的主要职责是代表建设单位对工程施工质量、安全及资料实施全程的管理和监督检查，以保证各项管理目标的实现。

该工程正式开工前，监理单位对施工单位的资质、现场质量管理、技术管理组织机构、人员、制度及各工种操作人员的资格、上岗证等进行认真核查，经确认无误并具备开工条件后，于 2016 年 4 月 28 日下达工程开工令。驻场监理进场后，会同责任监理师认真研究审核、签署施工设计文件和施工组织方案，由责任监理师编制了监理规范和实施细则，制定切实可行的监理措施和工作流程，并根据施工进度，将所有不安全因素罗列归类，以防止文物本体工程质量和安全事故的发生，督促施工单位全面实现工程项目合同约定的质量目标。

在施工过程中，监理人员按照监理规划的编制内容，从各个环节和不同工序对该项目工程的质量进行把控，实施"三控二管一协调"，具体内容包括抓好事前控制，严把开工关；严格材料审核，把好材料进场关；严格工序检查，强化施工过程控制。驻场监理通过日常巡查检查，发现问题及时要求施工方整改或反馈设计单位解决。强化施工工序报验手段，做到先报验、后施工，对隐蔽工程的验收项目尤为重视，驻场监理对重点、关键部位施工进行旁站监督，责任监理师对所有隐蔽工程参加验收，并签署意见。

针对具体施工过程中的设计变更和工程洽商变更，监理方要求施工单位严格按照已批准的施工组织设计进行施工。如有改动、补充或调整，特别是改变施工设计方案的，需报设计单位同意，严格履行设计变更和工程洽商变更签证程序，方可组织施工。完善各道工序和工程洽商会议记录及工程量等具体变更的签字审核手续，所有各方的负责人必须在相关手续上签字认可才能实施。

在协调各方工作机制上，监理单位多次召开工程监理例会，讨论施工中遇到的实际技术问题。除了 2016 年 3 月 16 日、4 月 7 日及 2017 年 3 月 10 日建设单位召集的设计交底会、工程对接会和施工阶段总结会外，监理单位分别于 2016 年 10 月 31 日、12 月 13 日和 2017 年 6 月 13 日召开了三次监理例会，及时解决石构件清洗、"牺牲性"材料修补加固、断梁补强加固、缺失底板石补配和桥面填充层、三合土防水层施工中遇到的各种具体问题，统一思想认识，避免盲目施工。

为保证工程质量，降低工程费用，确保按期完工。在工程实施过程中，现场监理人员依据合同约定、施工组织方案和工程进度计划表，做好工程进度控制。考虑到汛期施工不安全以及材料优化和现场试验等因素，2016 年 5 月 19 日至 9 月 2 日，以及 2017 年 3 月 8 日至 8 月 12 日期间，因施工单位提出申请曾两次停工、复工。工程于 2016 年 4 月 28 日开工，至 2017 年 10 月完工。11 月 17 日，义乌市文化和广电新闻出版局组织工程管理小组进行工程初验，对工程资料和桥面石铺砌等问题提出整改完善要求。2017 年 11 月 28 日整改完成。2019 年 1 月 17 日，省文物局组织专家组对古月桥修缮工程进行竣工验收，工程质量合格。

（二）资料信息收集与管理

资料信息的收集与管理是监理人员施工现场监理的一项重要工作，是对施工现场多方位实施有效管理的前提，对此，现场监理人员应及时进行收集、整理。本工程详细收集了各类工程文件归档资料，包括审查审批文件、原始资料、会议纪要等工程资料。同时，要求施工单位严格按照《文物保护工程管理办法》规定做好维修前、维修中和维修后的信息采集和记录，工程记录档案较为翔实准确，基本能反映本工程施工全过程的资料档案信息。本工程监理档案包括工程初验验收会议纪要、工程验收整改问题回复、竣工报告、工程招标文件和中标通知书、施工合同、监理合同、监理规划细则、开工报告审批表、开工报审报告和开工令、图纸会审会议纪要、施工组织设计及审批表、监理例会会议纪要、施工过程阶段性总结报告、工程监理总结等。

四 · 施工组织和管理小结

古月桥保护修缮工程从前期项目立项、勘察设计、方案和施工图审批、经费预算、项目组织实施全过程都坚持履行依法报批、科学管理的制度。施工前编制了科学完善的施工组织技术方案，在图纸会审、设计和技术交底环节，对设计方案要点以及施工中预计会遇到的难点和关键点都进行了技术方面的对接。施工质量和安全保证体系健全，措施管控有效，是本项目能顺利实施的保障。

本项目在施工组织管理方面值得总结的有以下几点。

第一，将预防性保护的理念贯穿于始终，并在施工过程中作为施工关键点落实到整个施工组织管理体系，确保对古月桥结构不做扰动，少做干预。

第二，施工过程聘请技术服务单位全程参与，克服了建设方和施工方存在的技术瓶颈，由技术服务单位提供材料配比优化试验和技术指导等服务。

第三，施工过程建立基于交互客户端的二维码信息管理平台。古月桥每个节点设置一个对应的二维码，及时将施工过程中的管理信息、现场节点的施工图片上传至平台，建设、设计、施工、监理和技术服务各方可随时通过扫码获得施工管理的信息，便于各方信息沟通，及时整改。

第四，重视工程资料的收集、整理和归档。

第五，施工过程和施工后实施全程监测。

工程实施 柒

根据浙江省文物局批准的《古月桥勘察修缮设计方案》,本工程为文物保护修缮工程,工程施工需秉承预防性保护的理念,在最少干预原则的指导下,通过对桥梁本体结构加固、病害处理、渗漏减缓等维修措施,在不改变古月桥现有结构体系的前提下,针对性地研制补强材料,增强承重结构整体刚性,限制结构节点位移,改善端头节点应力集中和受力不均状态。通过清除和抑制微生物和植物生长、重新铺设夯实填充层、补配缺失桥面板、整理归安侧墙石和压阑石、改善桥面和两侧的排水状况、改善石质风化加剧的现状,以减缓其风化速率,最大限度地保留文物的历史信息,达到使文物延年益寿的目的。通过建立古月桥保存状态、本体及环境的监测系统,对其修缮过程中的结构安全实施实时监测,并在修缮工程完成后,长期对古月桥的风化、生物病害及洪水等灾害进行监测,为下次保护工程设计方案提供精准而可靠的依据和相关数据。

一·施工流程

根据设计方案,建设单位会同设计、监理、技术服务各方对施工单位编制的施工组织方案进行了审查,最后确定按以下施工程序组织施工。

第一步:施工前先搭设预防性钢结构支撑架和满堂脚手架。对桥体作认真仔细的二次勘察与检测,对修缮前现状勘察信息进行数据图像采集并作记录。

第二步:施工过程先仔细检查两侧桥基、桥台的沉降情况,对桥体肋梁和横锁石连接节点进行材料预补强加固,60天后待节点加固材料固化达到设计强度,再进行桥面拆卸和其他部分施工。

第三步:桥面拆卸和桥体施工。尽量考虑在受力均匀情况下拆卸桥面板;清除桥面、侧墙石(外包石)、压阑石侧身及底下的植物和微生物;修补缺失的桥底板;桥身侧墙石和压栏石的整理归安;中间碎石填充层的补充,恢复缺失的碎石和三合土垫层,防止桥面渗漏;采用原材料原工艺,补配缺失桥面石;对修补的"牺牲性"材料做随色处理;桥台背墙石、侧墙石勾缝进行防渗处理;四周排水和环境整治。

二·整体稳定性临时保障设施

根据2004年义乌博物馆委托中国矿业大学等机构所作的《古月桥结构稳定性评价及其保护对策研究》和2014年设计单位对古月桥的勘察评估与结构模拟计算,古月桥维修前虽然仍处于结构稳定状态,但在垂直方向的压应力发生较大变化或遭受侧向力作用情况下,随时有可能导致结构失稳的"机动状态"。因此,在施工前必须先对古月桥实施整体稳定性的临时保障措施。

(一)预防性钢结构支撑架施工

预防性保护设施的搭设必须确保桥梁在不可预测的情况下发生意外时有结构支撑,最大程度地保障桥本体在施工过程中的安全,避免桥体侧倾和垮塌;同时必须确保支撑构件不能直接接触石构件而形成刚性节点,所有节点与桥体结构部位保持5mm距离,不能改变正常情况下桥体的受力体系和结构稳定性。其施工要点如下。

(1)支撑架。必须严格按照施工方案搭设,先进行图纸技术交底。架子工必须严格按技术方案和操作规程进行施工，所有偏差值必须控制在允许范围内。

（2）基础。脚手架立杆基础必须挖到稳定的沙石层，浇捣100mm、厚C20混凝土，采用2400mm×240mm×120mm预制钢混凝土梁做立杆基础，基础两端预埋Φ20mm的钢筋，并插入立杆内。

（3）斜撑。为防止脚手架因河水冲刷可能导致倾倒，每隔4m设置上下两道横向斜撑，斜撑与地面的角度为45°左右。斜撑基础必须与立杆基础一样稳定牢固，斜撑钢管插入基础内并焊接牢固。

（4）结构和材料。脚手架立杆纵向间距为2m，横向间距为1.05m，内侧立杆距桥身0.3m。大横杆步距1.8m，小横杆步距1.8m，并向桥身方向外挑0.25m，内侧靠桥身

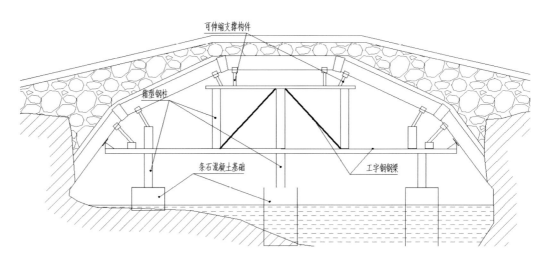

1. 桥身立面图

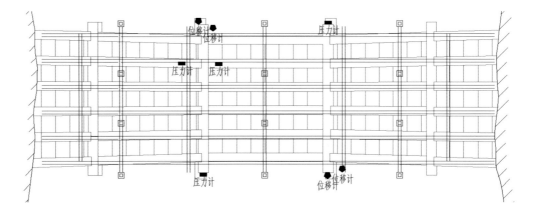

2. 桥底仰视图

7-01　预防性钢结构支撑架结构设计示意图

钢梁节顶置螺杆，端头部套上柔性封头。钢结构材料采用外径 Φ480mm、壁厚 3.5mm 的钢管。

（二）桥身两侧施工脚手架施工

桥身两侧施工围护脚手架在桥下搭设，是施工过程的操作平台。围护脚手架结构必须与桥底钢结构支撑架以及桥体结构相脱离，使之保持相对独立。脚手架的荷载不得超过 2kN/m²。搭设好的脚手架应经施工部门及使用部门验收合格并挂牌后方可交付使用，使用中应注意定期检查和维护。其施工要点如下。

（1）桥身两侧施工脚手架的搭设，需避开雨季汛期。

（2）脚手架采用钢管和竹篱搭建，脚手架的搭设高度应超过桥面高度2.2m以上，宽约1m。操作平台分上下两层，要便于施工并确保安全。于桥洞和高出桥面以上2.2m部位，通过钢管横向连接，在古月桥本体上面搭设防护棚，对整个桥体进行防护，避免施工时下雨对桥体造成进一步的破坏。

（3）脚手架应铺满，不应留有空隙和探头板。脚手板应铺设平稳并用铁丝绑扎结实，不平处用木板垫平并钉牢。脚手板的搭接长度不得小于0.2m，对头搭接处要设双排小横杆，双排小横杆的间距不得大于0.2m。

（4）脚手架外侧搭设由上下两道横杆组成的防护栏杆。上杆离脚手板高度应在1.05～1.2m，下杆距离脚手板高度在0.5～0.6m，并设0.18m高的挡脚板或设防护网。

（5）大横杆连接接头应相互错开，至少错开一跨。纵向扫地杆应采用直角扣件固定在距底座上不大于0.2m处的立杆上，横向扫地杆应采用直角扣件固定在紧靠纵向扫地杆下方的立杆上。

（6）支撑架搭设时先树立杆，按由内而外的顺序。树立杆时应先进行临时固定。纵

7-04　钢结构支撑架和脚手架（西北—东南）

向水平杆应设置在立杆内侧，其长度不小于三跨。纵向水平杆的接长宜采用对接扣连接。对接扣件应交错布置，两根相邻纵向水平杆的接头不宜设置在同步或同跨内，不同步或不同跨两个相邻接头在水平方向错开的距离不应小于 0.5 m，各接头中心至最近主节点的距离不宜大于纵跨的 1/3。

（7）架子四角设抱角斜撑，四边及中间每隔四排立杆设一道剪刀撑，斜杆与地面呈 45°～60°，由底部到顶端连续设置。

脚手架拆除顺序应按由上而下、由外而内、先搭后拆、后搭先拆的顺序进行。即先拆栏、脚手板、剪刀撑、斜撑，而后小横杆、大横杆、立杆等，并按一步一清原则依次进行，禁止上下同时进行拆除工作。拆架子的高空作业人员应戴安全帽、系安全带、穿软底鞋上架作业，周围设围护栏杆，树立警戒标识，并有专人指挥。拆下的扣件和配件应及时运送至地面，严禁高空抛掷。

（一）维修前现状勘察与检测

在《古月桥勘察修缮设计方案》现状勘察评估的基础上，对桥体结构进行进一步全面的现状勘察。通过施工前对桥基、桥台、桥梁石构件连接处的节点、侧墙石、压阑石以及桥面板等现状勘察和检测，掌握残损情况的准确数据资料。检测手段主要通过仪器仪表检测和石膏饼观察结合目测等方法。同时，根据各个节点编号图，详细拍照记录病害残损情况，以便后期施工管理及监测。

根据古月桥施工前二次勘察所掌握的病害情况，对照施工设计，比较现状保存情况与 2014 年方案中勘察描述的病害情况是否存在差别或遗漏，针对具体实际提出有针对性的处置意见，并会同技术服务方制定针对每个节点的施工技术方案。需要作设计变更的，报设计单位同意后作变更设计和相关签证后，方可施工。

（二）二次详勘结果分析

经过维修前的二次勘察与检测，古月桥现状保存情况和设计方案中病害情况的描述以及方案、施工设计中存在的主要问题包括以下内容。

本次修缮前二次详勘未对桥基底拱和基础埋深做法作详细的勘探，情况不详。仅对露明桥台沉降情况进行勘测，两侧桥台未见明显沉降，说明基础尚好。经过二次勘察，发现古月桥南北两侧的桥基做法并不完全一致，北侧桥基桥台下为沙石基础垫层，两行条石护驳不足 1m；南侧桥台用条石护驳，比北侧桥台多砌两行露明的条石。

设计方案中勘察结论是"通过现场勘察，认为古月桥基础未发生明显的变形和位移，支撑于基础上的纵肋条石与基础间也没有相对位移的迹象"，故本方案和施工设计中都没有关于"桥台桥基进行加固"的工程措施和相关内容。根据二次详勘情况，本次修缮对桥基不做扰动，北侧桥台做局部整修加固。

因清除植物根系，施工中桥面石板破碎、缺失现象比 2014 年勘察方案中更为严重。

清理桥底部植物遮挡后发现3、4轴间C列石梁（C34）存在贯穿缝断裂，需报设计单位设计变更。

（三）修缮措施调整方案

桥台桥基修缮中尽量不扰动原有桥基，仅对桥基下被河水冲刷出现空洞的部分用小块石和三合土填塞捣实进行加固，同时清除石缝内的植物根系。

现场勘察后，依照设计图中的编号规则统一标注编号，按现场实际尺寸施工。

3、4轴间C列石梁（C34）存在贯穿缝断裂，做结构计算后认为存在结构方面的安全隐患，经设计变更，采用结构胶灌浆加固后用粘钢法粘接加固进行修复。

原设计方案中石板缝隙和侧墙石等条石之间的缝隙，采用7:3的三合土（沙、黄泥、石灰配比为5:2:3，添加5%纸筋灰膏）灰浆勾缝，根据评审专家意见并经过效果评估，决定改用"牺牲性"材料灌缝或勾缝，以防渗水。

桥体内大的植物根系灭杀处理方法，方案中没有明确，对大的植物根系根据民间传统方法作霉根处理。

桥体中间层沙石、黄土层的厚度按结构力学计算，拆除厚度严格控制在临界值405mm以内，中间和两侧的厚度按实际控制。

工程量增加桥身两侧的引桥修补和桥埌两侧疏通排水施工。

四 · 结构构件及节点修复加固

（一）石构件清洗

清洗部位主要是在桥底石构件各个节点连接处。石构件因长期受风雨侵蚀，加上桥面渗水等原因，导致微生物滋长和表面严重风化，节点处断裂、拉脱、偏移、泥土、水垢、杂质等污染物覆盖。在对石构件节点进行材料修补加固前，需对石构件表面及节点连接处进行清洗，防止表面病害对修补效果产生影响。为慎重考虑，在对古月桥石构件进行清洗施工前，技术服务单位对清洗方法进行了工艺优化试验和清洗效果的检测评估，形成有针对性的清洗施工技术指导方案。

小心谨慎地清洗去除石构件表面的灰尘和微生物，可采用喷壶和软毛刷等清洗工具，用软毛刷蘸取去离子水对节点部位进行清洗，再以棉纸吸干表面水分。可以采用水压可控制的喷枪用低压水流清洗，绝对避免使用高压水流简单、粗暴和过度洗刷。施工过程中对石梁和横锁石不可持续大面积清洗，清洗和灌浆加固工序要交叉进行。清洗一块，等石材表面的水渍干后，即可进行"牺牲性"材料的修补加固，加固好后请技术人员确认施工到位方可。清洗时应注意用力必须轻柔，尤其是对于粉状风化严重的区域，避免因用力过猛致大面积脱落。和横锁石交接节点部位尽量清洗干净，用棉纸吸干，但对于顽固的微生物痕迹不必强力去除。

（二）节点位移限制与"牺牲性"材料补强

桥梁横向连接构件横锁石多处在节点位置发生断裂，致使石梁在横轴方向失去限制位移的拉结力，从而导致桥梁结构单楄梁架拱券轴线的破坏，进而促使整个桥体濒于失稳状态。为加强桥体的整体性及稳定性，延缓桥体向失稳状态过渡，增加桥体耐久性，需对古月桥横锁石与梁头连接节点进行位移限制，并用"牺牲性"材料将梁端头和梁截面因表面风化缺失部分补充完整。

1. 石构件节点灌浆修补加固施工方法与工艺流程

选取一两处节点，配合技术单位对施工工艺进行局部试验，总结出有效的施工办法，并按二次详勘所得的数据和编号，对不同的残损节点进行有针对性地施工。在补强和灌浆过程中，尽量不要干扰桥体承重结构，从下部小心地进行灌浆补强。

实施灌浆修补前需将石构件表面清洗干净，用绵纸吸干水渍后晾干。采用适当水胶比的改性水硬性石灰和矿粉拌和，用电动搅拌机搅拌均匀。对石梁与横锁石接触的48个相交节点、同列两根横锁石的4个截面，或横锁石因断裂而形成的多个截面，分别进行灌浆补强。

工艺流程：

先对石梁和横锁石因风化导致的酥碱脱落缺损部位，用0.51与0.70水胶比的水硬性石灰交互分次抹灰补浆，每次抹浆厚度不要超过5mm。

抹灰完成后，再进行勾嵌、随色，清理不必要的灰浆。

残损形态	纵肋石梁风化严重，局部缺失	节点编号	左：C34；右：B 2
实施方法		采用支模灌浆法	

7-06 石梁和横锁石连接节点灌浆施工一览之一

残损形态	横锁石断裂、拉脱	节点编号	左：D2；右：D4
实施方法		采用支模灌浆法	

7-07 石梁和横锁石连接节点灌浆施工一览之二

残损形态	梁间缝隙	节点编号	依序为B3、C3、A2、E5
实施方法	根据缝隙大小，采用支架或支模封缝灌浆		

7-08　石梁和横锁石连接节点灌浆施工一览之三

残损形态	岩石表面片状剥落、脱落	节点编号	左：A3；右：D3
实施方法	采用支护封缝注浆法		

7-09　石梁和横锁石连接节点灌浆施工一览之四

　　最后注浆修补。由于水硬性石灰浆液受配比浓度影响，对水胶比值小的较黏稠的浆体，采用针管注浆易堵塞。修补缺失较多的部位，可采用石铲与玻璃胶枪灌浆结合的方式进行灌浆。修补细微部位或对截面修补进行灌浆时，可用针筒灌注，用海绵等辅助工作，以平稳速度进行。对石梁与横锁石相交的节点修补，采用玻璃胶枪代替针管灌注的方式进行灌浆。

　　下面列举具体节点的支模分层抹灰灌浆加固施工工艺流程。

　　针对纵肋石梁和横锁石表面片状剥落、脱落，如 A 轴石梁与 3 轴横锁石相交的节点（A3）、D 轴和 3 轴相交的节点（D3），采用低压水流清洗后，待其干燥。拌和材料，先对修补部位适当润湿，进行支护封缝注浆。可采用针筒注 0.70 水胶比的浆液多次注浆，注意漏浆及时补浆。

　　针对 B、D 轴和 2 轴相交的节点（B2、D2），D 轴和 4 轴相交的节点（D4）及 C34 石梁，这些系横锁石断裂、拉脱或石梁截面严重风化、局部缺失导致的残损病害，需对节点和截面进行抹灰补浆。

具体施工方法：在钢梁上做好支撑，订做支护模板，断裂处采用改性水硬性石灰掺合细石子骨料，填充于模板内，轻微振捣；用 0.51 与 0.70 水胶比水硬性石灰交互分次抹灰补浆，每次抹灰浆厚度不超过 5mm；补水养护至少 28 天，视养护固化情况拆模，拆模后表面随色处理。

对 A 轴和 2 轴、E 轴和 5 轴相交的节点（A2、E5），B、C 轴和 3 轴相交的节点（B3、C3），梁间缝隙较大，需对石梁上下的缝隙进行封缝处理。

具体施工办法：先用 0.51 水胶比浆体填充底部及两侧缝隙，有必要做缝隙模板支撑封缝浆体；待封缝固化达到一定粘接强度后，用 0.70 水胶比浆液采用针筒或者手持式注浆机向缝隙内注浆；对于大面积缝隙应填充部分碎石子支模具灌浆；持续观察注浆情况，有漏浆及时补浆；待内部浆体固化达到一定强度后，再做上层封缝处理。

2. 施工技术要点和注意事项

各种成分的重量必须严格按照配合比要求进行配料。

灰浆分次拌合，采用电动搅拌机，不使用大型机械。搅拌过程要听从技术人员的指导，严格控制投料顺序和搅拌时间。每一批搅拌完的砂浆必须在 3 小时内用完。

针对不同的裂缝，按细缝、粗缝和大面积缝三种裂缝的要求，配制三种不同水胶比的水硬性石灰黏结材料，按上述不同的方法进行有针对性地施工。原则上细缝灌浆采用 0.70 水胶比的浆体注浆；粗缝采用支模封缝灌浆法；灌大面积缝先用掺杂碎石和纤维骨料的石灰基材料分次抹灰填缝，再用不同水胶比的浆液分次灌浆，最后用 0.70 水胶比的浆液用玻璃胶枪注浆。

填补体积较大的节点缝隙，应搭设模板进行支护，支护设施必须在补强材料达到第一个养护周期（28 天），待现场材料试块强度达标后，才可撤离。

材料修复完成后应及时清理构件表面的溢流灰浆，避免灰浆带来的二次污染。同时，材料修复处立即覆盖保温薄膜进行养护。

灌浆设备应根据裂缝大小选择合适尺寸的注管器具。对因风化导致石梁和横锁石截面缩小的部位，可将灰浆通过玻璃胶枪灌注于截面。对于横锁石断裂的空隙，因缺失较多，先以灰铲等传统工具填补，再采用玻璃胶枪灌注方式对缝隙进行填充。在灌浆结束后，需要对灌浆部位观察 5 ~ 7 天，若有流失必须进行补灌。

关键节点、关键部位施工要特别注意防护，温度在零摄氏度以下停止施工。

7-10 支模封缝灌浆法

7-11 用手持式注浆机向缝隙内注浆

7-12 用玻璃胶枪灌注缝隙

（三）断梁修补加固

2017年3月，在对桥梁结构勘察过程中发现3、4轴之间C列（编号C34）石梁存在贯穿裂缝，通过荷载计算，发现此梁存在安全隐患。根据结构计算分析，并组织设计、施工、监理各方进行洽商，形成工程洽商变更意见，要求施工单位在桥面卸荷之前对断梁进行修补加固。

7-13　C34断梁维修前结构（仰视）

1.断梁修补加固施工方案

设计单位根据施工方提供的纵肋石梁断裂的裂缝尺寸，以及现场勘察商定的结果，制定了修补加固方案。具体如下。

在有结构支护的情况下实施原位加固。为保证桥体整体结构稳固，断裂石梁的加固应在原位进行，不得拆卸加固。

采用结构胶粘钢加固。根据勘察和商议结果，对断裂石梁采用灌注粘接及粘钢法进行加固。粘钢前，应先对断裂梁的裂缝进行清理，并使用结构胶进行灌注粘接。灌注时从底部开始分层灌注，务必保证胶体灌注饱满，不留空隙。待胶体达到设计说明的使用要求，并形成强度后再进行粘钢。粘接前应进行现场试块试验加以验证。

粘接钢板厚度5mm，长度700mm，宽度随梁尺寸，用整块钢板加工成U字形，应将裂隙全部包裹在内。粘接前应进行现场的试块试验加以验证。

粘钢完成后，应对钢板表面进行防锈处理，同时使用钢结构胶或者环氧树脂进行表面封护，防止钢板锈蚀。

在粘连及效果满足结构安全后，应对使用修补桥体的水硬性石灰进行钢板封护，保证隔绝空气、水分与钢板接触，并在颜色上进行随色处理，使表面符合原石梁的质感与颜色。

支护结构需在被修补石梁的结构安全验证完成且满足桥体原设计方案和施工要求后，方能撤离。

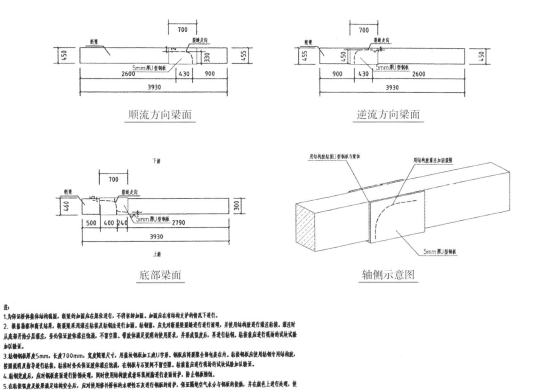

顺流方向梁面　　　　　　　　逆流方向梁面

底部梁面　　　　　　　　轴侧示意图

注：
1.为保证桥体整体结构稳固，新梁的加固应在原位进行，不得拆卸加固。加固应在有结构支护的情况下进行。
2.根据勘察和调试结果，新裂缝采用灌注粘接及粘钢法进行加固。新钢板，应对新裂缝要缝进行清理，并使用结构胶进行灌注粘接。灌注时从底部开始分层灌注，务必保证胶体灌注饱满，不留空隙。带胶体满足说明的使用要求。并再次清理缝，再进行粘接。粘接前应进行现场的试块试验加以验证。
3.粘钢板厚度5mm，长度700mm，宽度随尺寸，用整块钢板加工成U或U字形。钢板应按裂缝隙全部包查在内。粘接钢板使用粘钢的专用结构胶，按图说明及指导进行粘接。粘接时务必保证胶体灌注饱满，在钢板与石梁间不留空隙。粘接前应进行现场的试块试验加以验证。
4.粘钢完成后，应对钢板表面进行防锈处理，同时使用结构胶或者环氧树脂进行表面封闭，防止钢板锈蚀。
5.在粘接强度及效果满足结构安全后，应对使用修补桥体结构的水硬性石灰进行钢板的封护，保证隔绝空气水分与钢板的接触，并在颜色上进行处理，使表面样色层不显原貌及颜色。
6.支护结构需在被修补石梁结构安全验证完成，并且满足桥体原设计方案和施工要求后，方能撤离。

7-14　断梁加固设计变更图

2.断梁修补加固现场模拟试验

按照施工方案要求，在对古月桥断裂石梁进行原位修补加固施工前，应检验修复材料和方法的可行性。试验分为粘接修补石材构件的抗折试验和结构胶对粘钢拉拔效果的试验验证。因基于本书"'牺牲性'保护材料研究"一章中技术单位对古月桥补强材料所进行的粘接强度实验数据的分析（见表5-10），0.65水胶比修补材料在模拟现场试验情况下，水硬性石灰在28天养护期时，保守计算各组粘接强度的破坏强度均处于0.20MPa～0.30MPa合理区间内，符合设计要求的施工材料配比的性能指标。

本次试验只进行粘接修补石材构件的抗折试验验证。试验的目是通过对同种石材抗折试样进行抗折破坏，对破坏后的石材采用不同的粘接材料进行粘接修补，然后再进行抗折试验以验证粘接材料对开裂抗折构件的修补效果。经验证可行后，才可进行构件修补加固应用。

本次试验按照《普通混凝土力学性能试验方法标准》（GB/T 50081-2002）和测试方法，选用与拟修补构件性能相近的石材。试件一尺寸：100mm×100mm×400mm，试件二、三尺寸：100mm×100mm×200mm。

结构胶材料配比：石灰 0.8kg、矿粉 1.2kg、减水剂 20g、纤维 10g、水 1.02kg、触变阻剂 16g、黏结助剂 16g、黏性助剂 16g、抗裂阻剂 16g（灌浆材料:水调整为 1.4kg）。修补时粘接材料固化后应有 2mm 的厚度。

试验步骤如下：

现场寻找石材，切割成方案要求的尺寸，对三个试件进行人工折断；

现场分别采用建筑结构胶和环氧树脂两种不同材料粘接，养护一周后，将试件带往实验室用万能试压机进行抗折对比试验；

对抗折测试时试件修补前后的破坏现象进行拍照，并对试件破坏的强度和位移进行记录。

试验结果表明，通过抗折试验，试件一在抗折试验时未能从建筑结构胶粘接处断裂，而是在其边缘 50mm 处断裂，试件极限破坏荷载约为 2kN，分析可能因石材表面凹凸不平导致其受力不均匀断裂；试件二在抗折试验时，基本上从建筑结构胶粘接处断裂，试件极限破坏荷载为 19kN；试件三采用环氧树脂粘接的试块，在抗折试验时完全从粘接处断裂，试件极限破坏荷载约为 8kN。

结论：试件二采用结构胶粘接断裂石梁，其抗折强度优于环氧树脂粘接，试验证明结构胶粘接断裂石梁可满足设计说明的施工要求。

3. 断梁修补加固施工

2017 年 8 月，施工单位根据对比试验检测结果，严格按照设计方案对 C34 断梁进行修补加固施工。

进场材料：进口天然水硬性石灰（型号 NHL2）、碧林抗裂助剂 8kg、碧林黏性助剂 2kg（灌浆材料使用）、碧林触变助剂 8kg、碧林黏结助剂 8kg、碧林减水助剂 10kg、碧林黏性助剂 6kg（修补材料使用）。

结构胶材料配比同试验。

支护结构采用可调节松紧的螺栓固定方式，端部加垫片。施工过程严格按照设计方案和试验结果，采取先支护再灌浆办法。施工完成待一个养护期 28 天后，经检测已达到设计要求的抗压强度，拆除支护结构。

7-15 断梁粘钢支护加固施工现场

7-16　断梁粘钢加固施工后效果

（一）桥基和桥台修缮

　　根据现场勘察和三维扫描实测结果，以六列石梁梁底为基准绘制轴线，可得出如下分析结论：古月桥地基为第四系生成的砾石、沙土，具有高承载力及低压缩性，维修前两侧基础基本稳定，未发生明显沉降，两侧梁底位置基本处于同一水平线上。本次修缮对桥基未做大的干预，除了小范围对原桥台作局部的整修归安，对桥基下垫层用沙石填塞外，桥台和两侧驳岸基本保持原状。

7-17　修缮前北侧桥基和桥台

7-18　修缮前南侧桥基

（二）清理植物根系

古月桥修缮前虽在勘察过程中已进行一次植物清理，但仍长满杂草等，藤蔓的根系深入到石构件内，需小心地清除生长于桥身石板缝隙、填充层中的植物根系。施工完全采用人工除草的方式，使用传统工具，不得使用机械作业，以免对桥体结构造成破坏影响。对深入到桥台、桥面石、侧墙石和压阑石内的植物根系，采用分次清理方式，先用刀具剪除露在外面的枝蔓，根系待石构件揭除后再进行灭根消杀处理。灭根可用除草剂，对较大的植物根系，采用生猪油（板油）盖一张黑色的塑料布，密实地包住根系端部的切口，再用细绳严严实实地绑紧，以隔绝阳光和空气，起到霉根灭杀的效果。

7-19　侧面植物清理前状况

7-20　侧面植物清理后状况

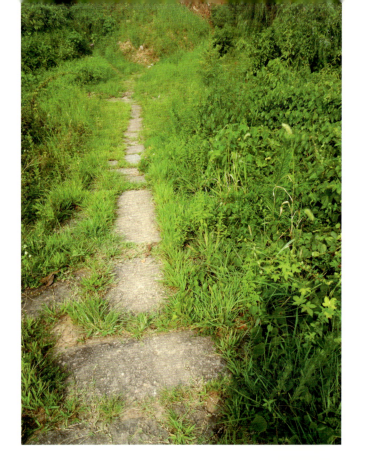

（三）桥面拆卸

1. 荷载计算分析

2017 年 3 月 10 日，为安全拆除桥面作科学的受力平衡结构指导分析，技术服务单位委托结构力学专家对古月桥荷载和拆除桥面板及填充层多少深度情况下能维持受力平衡的临界值进行结构力学计算和分析，得出桥面中间往下拆除填充层到 405mm（桥面横铺底板石以上保留约 100mm 厚的泥沙土填料层）这一临界值，桥体两侧石以上的填充层和桥面板全部拆除时，桥体载荷大变，主体趋于垮塌，处于机动状态。

古月桥折五边形拱券结构接近于"悬链线"形式，由于载荷接近（$g_c+r \cdot y$），故折线拱形式接近合理轴线，截面呈无弯矩状态或压应力控制状态。

据计算，桥体中部拆除 405mm 时，石梁的均布载荷为：

$$q_{c,k}=4.3725+0.4 \times 0.86 \times 23.0=12.2845kN/m$$

$$r=23.0kN/m^3 \times 0.86m=19.78kN/m^2$$

理论上五段石梁处于压弯平衡状态，只要实施均匀拆除（由中心向边缘），这个状态（考虑到条石自重的权重占相当比例，估算占沙 30%）仍是小弯矩状态。考虑到施工过程中可能有风带来的不利因素，同时拆除桥面板和沙土填充层后整体稳定性会降低，施工前在满堂脚手架基础上，需对五段石梁前后两侧各增加三道侧向支撑。

通过对桥体受力平衡体系和临界值的计算分析，得出如下结论。

古月桥结构石梁与横锁石之间的连接采用半榫搭接，不是完全意义上的装配式的榫卯结构，横锁石主要起侧向整体作用。大部分横锁石维修前出现下部开裂、风化脱落等现象，但原结构仍是稳定体系，主要由于折拱结构接近于合理拱轴线形式，使石梁全截面受压并有压应梯度。从结构力学角度分析该结构为"机动体系"，但在特定载荷及特定"悬链式"轴线形状下是稳定系统。

假设原始状态为理想状态，拆除桥面板和中间填充层后理论上荷载变化，估算时考虑 10% 的截面风化，石梁压应力为 202.57 kN，其中弯矩（M_0）为 27.2423 kN·m，石梁横截面中部的正应力为 1.4097 ± 1.1，即 0.31 ≤ σ 中 ≤ 2.51MPa。若在原始状态下，C45 石梁考虑 30% 的截面风化，取最小截面（截面折减系数取 0.7）进行计算，估算结果石梁的抗折强度为 2.724MPa，与有限元分析结果（石梁在无风化状态下抗折强度为 2.846MPa，在有风化情况下为 2.766MPa）基本一致。

桥面拆除应控制在 405mm 的最大拆除深度内，且要从中间往两侧均匀对称拆除。为避免侧向风力的影响，建议采用可微调的螺栓固定方式，对现场钢结构支撑系统端部加橡皮软垫垫紧。

对底部支座节点处和桥面空洞的缺失底板进行预先修复。

2. 桥面拆卸

2017 年 9 月实施桥面拆卸。

拆卸施工过程采用人工拆卸，人工实在无法搬运的，则采用吊机进行吊运。

拆卸顺序经工程洽商进行了设计调整。原设计方案中拆卸桥面时，将桥面的石板、沙土、压阑石按照自西向东、自北向南的顺序拆除。经过专家论证和桥面卸荷时的受力计算分析，决定对拆卸顺序调整为从桥的中部向南北两端、桥的中间向东西两侧均衡、对称卸荷。

拆除深度控制在临界值内。桥中部拆除深度严格控制在 405mm 内，石以上保留 80 ~ 100mm 厚的基底沙土垫层，桥面中部的沙土填充层拆除深度在 300 ~ 320mm。桥面两侧拆除深度不一，施工中仅保留约 50mm 的沙土垫层。

小心拆卸，尽量减少对桥体的干预，以平缓稳定的方式进行，尽可能保持现有黄土沙石垫层的状态。同时做好全过程的实时结构变形监测分析，及时注意基础与牛头石的垂直和水平两个方向的位移变化。

做好编号记录。从桥面上移除的石板、压阑石按位置顺序编号，并采用毛刷蘸取去离子水进行清洗，按照保存状况、清洗后的状态分类放置于干燥场所通风处晾干，并做好详细记录，以便后期归安。

施工应注意的事项如下：

任何情况下，支座都必须固定好，不能发生挠动。

由于拆石板铲土致重力减少，会对整体稳定性产生不利因素，施工前须采用Φ250～300mm的杉木或粗毛竹对桥体两侧加三道侧向的支撑，以防止大风情况下产生扰动。

拆板前利用桥下钢结构支撑架和脚手架对部分关键点位做竖向支撑，仔细检查钢结构支撑体系螺栓固定是否有松动。

施工方应检查原结构形式是否为"悬链线"形式，以掌控理想轴线的拟合状态。

通过位移监测，桥面拆卸施工过程中，对布设于基础及牛头石的 9 个本体特征位移传感器监测观测点进行数据对比分析，结果显示，水平位移传感器的数据变动不明显，而 7 个垂直位移观测点的最小位移量超过精度限差，说明在施工前和施工中这两个观测周期内变动较为显著，但在合理的安全范围内，未对桥体产生破坏影响。

（四）底板石补配

古月桥结构第二层（承重层）共有 148 块大小不一的底板石，沿两列石梁横向铺成，其中位于 2～3 轴之间、E～F 两列石梁间的底板石缺失，缺失面积为 300mm²，需要用采自当地环院石场的角砾岩补配，加工过程可取 410mm×810mm×200mm 的石料，用传统工艺手工剔凿成和周边石板契合。

7-24　底板石缺失修缮前的空洞

7-25　底板石缺失修缮后状况

（五）侧墙石和压阑石修补归安

古月桥整体向上游方向侧倾，东南、西南部位侧墙条石拉脱、断裂、外鼓、里面空洞、条石表面风化等现象严重，西南部位甚至出现侧墙局部坍塌下陷；东北部位条石断裂、拉脱、空洞现象较为严重；西北部位侧墙石外鼓、外倾现象明显。

为避免侧向受力过大对桥梁结构造成破坏，施工过程中对侧墙石不做大的扰动，在保证结构安全的情况下，对侧墙条石仅做适当整理、修补、归安。施工工艺流程分步骤如下。

先将上述拆卸下来的压阑石按位置编号顺序，清洗整理干净后放置于干燥场地，以便后期归位。

清理桥身两侧位于桥面部位压阑石周围的黄土、沙石、碎石等，清理完成后，采用人工将桥面两侧的侧墙石进行整理归安。对外鼓的侧墙石轻轻地由外往里推，两边同时进行，尽量保持受力均衡。对于桥身两侧空隙较大、缺失、风化严重的侧墙石，则采选义乌本地角砾岩，根据现场实际情况，用传统工艺对石材进行切割、打磨加工，然后进行替换、补齐，使空洞部分尽量填满，缝隙尽量平整统一。对西南部位局部塌陷的侧墙石，施工时需要通过适当的支顶方式，把空洞填实后，再整理归安。

桥面压阑石绝大多数还可以继续使用，对桥面两侧拆卸下来已清洗干净的压阑石按位置编号顺序放置到原处，并进行整理归安。其余风化严重、断裂或局部破损的压阑石予以粘接修补，东南部位缺失的压阑石尽量从附近村庄内找相同或相近成色、长宽厚尺寸在（2500~3000）mm×450mm×250mm的老石板，以传统工艺按原样加工补配。施工过程中采用机械辅助施工，用吊机起吊安放。

对不重砌的侧墙石和压阑石的间隙以"牺牲性"材料拌合成适当水胶比（0.51/0.70）的灰浆勾缝，采用铲刀、玻璃胶枪等工具进行抹灰灌浆。补配重砌的压阑石，以灰浆为垫层，厚度不超过10mm。

施工过程中应注意：实施全程结构变形监测，边监测边施工，严密注意监测仪牛头石水平和垂直位移的数据变化；控制好力度，要巧干，不可蛮干；整理归安后须用"牺牲性"材料拌合成适当水胶比的灰浆进行勾缝，做防渗处理。

在桥面拆卸和侧墙石整理归安施工整个过程中，结构变形监测数据及牛头石水平和垂直位移的数据变化曲线，以及对古月桥9个垂直位移观测点、8个水平位移观测点的两次监测数据对比分析，结合传感器在线监测数据和现场安全巡查显示，施工过程中多个观测点显示的水平和垂直两个方向上的位移均有较为显著的变动，尤其是垂直方向上更为明显，但变化情况在安全范围之内，桥体结构修补材料未出现裂隙等变化，说明位移未对桥体造成影响，具体数据详见"监测"一章。施工后水平和垂直两个方向的位移变化数据恢复到正常状态，未出现明显变动。

7-26 西南侧墙石修缮前状况

7-27 西南侧墙石修缮后状况

7-28 西北侧墙石修缮前状况

7-29 西北侧墙石修缮后状况

（六）桥面防渗工程

1.古月桥填充层局部试验

在实施桥面填充层修补和三合土防渗工程施工之前，技术服务单位做了古月桥填充层的密实性、抗渗性检测和抗压、抗折强度的局部试验。实验所用的沙和黄土材料，沙取自现场，黄土取自古月桥周边的黏土。

密实性检测采用灌沙法测定并计算古月桥中间填充层的压实度。

抗渗性实验主要测定古月桥填充层修复方案的填充层中的三合土层与黄土沙石层（黏土＋河沙＋小颗粒的碎石子）的抗渗性能，根据抗渗等级≥6的混凝土为抗渗混凝土的标准，确定古月桥填充层材料的目标抗渗性为能抵抗0.6MPa的静水压力而不渗水。

局部试验主要针对桥面板下填充层中的三合土防渗层和黄土沙石层所进行的抗压、抗折强度试验。

桥面的材料强度必须低于古月桥现状风化后的石构件强度，以保证在发生破坏时，桥面材料先于石构件破坏，从而保护已风化石构件的完整性。根据勘察报告中古月桥石材强风化部位的单轴抗压强度为20MPa～30MPa的结论，设定桥面材料的单轴抗压强度目标值应在10MPa～20MPa范围内，抗折强度为1.2MPa，且黄土沙石层的抗压、抗折强度要大于三合土层。

综合各配合比三合土的抗压强度，参考古建筑修复工程实际中所使用的三合土配合比，根据设计方案中的相关说明，同时参考《建筑地基基础设计规范》中三合土基础的质量要求规定，本次试验制备的三合土选用熟石灰：黏土：沙体积配合比为1：3：6，用它测定三合土的各项性能及其渗透性能否满足相关抗渗要求。

通过试验数据计算并整理，得出如下结论。

根据《土工试验规程》无侧限抗压试验对三合土试件进行试验，三合土前期强度较低，后期强度才慢慢变大，也即三合土中的结晶反应进行缓慢，故施工后需保证古月桥填充层具有足够的养护时间。

表7-1 三合土无测限抗压试验

试件	三合土	体积配比	熟石灰：黏土：沙=1：3：6	
天数（d）	7	28	60	90
抗压强度（MPa）	0.73	1.19	2.39	4.86

90天时三合土的无侧限抗压强度已经达到4.86MPa，能满足古月桥修缮工程对于填充层材料所需的强度要求，故可以使用熟石灰：黏土：沙＝1：3：6的三合土作为填充层材料。

通过渗透试验，测得该配合比的三合土28天的渗透系数为$1.59 \times 10^{-6} \mathrm{cm}^{-3} \cdot \mathrm{s}^{-1}$，较优于粉质黏土（$1.2 \times 10^{-6} \sim 6.0 \times 10^{-5} \mathrm{cm}^{-3} \cdot \mathrm{s}^{-1}$）的抗渗性能，具有较好的防水性能，

能够很大程度上控制桥体的风化，并通过改善桥体承重结构的积水情况，来减缓未来风化的可能，同时也能在一定程度上增加桥身的横向拉结力。

利用 GDS 全自动环境岩土渗透仪与 GDSLab 自动三轴试验系统对三合土进行抗渗性能测定时，饱和阶段总时长为 780min，固结阶段总时长为 200min，可为之后利用 GDS 全自动环境岩土渗透仪对三合土试件进行抗渗性能测定提供一定的依据。

三合土孔隙率较大，如需进一步提高强度或抗渗性能，可考虑改变三合土中各材料的配比或添加相应添加剂来改变三合土材料性能，以达到降低孔隙率，一定程度上提高材料的抗压强度及抗渗性能。

在较小放大倍率的电镜试验图像中，无机三合土试件的盒维数[1]较掺合有机添加剂（糯米浆）的三合土试件大，说明无机三合土中存在较多的大孔隙，意味着土体颗粒间的凝聚程度较低，不利于三合土中各颗粒之间的作用力提高。因此，掺糯米浆的三合土较无机三合土更致密，一般来说强度更高，抗渗性能较好。如抗渗性能与抗压强度未达到所需要求，可考虑加入有机添加剂进行进一步试验。

2. 击实试验

查阅相关文献可知，三合土（熟石灰∶黏土∶沙 =1∶3∶6）的最优含水量在 10%～20% 之间，故设 5 组实验组，含水量分别为 12%、14%、16%、18%、20%。根据《土工试验规程》中的击实试验的相关试验方法，选用重型击实仪进行三合土的击实试验。根据实验数据绘制出三合土配比的干密度与含水量的关系曲线，读取横、纵坐标的峰值，三合土层在含水量 14% 时，干密度最大，即本试验中三合土层材料的最优含水量为 14%，最大干密度为 2.135g/cm³。

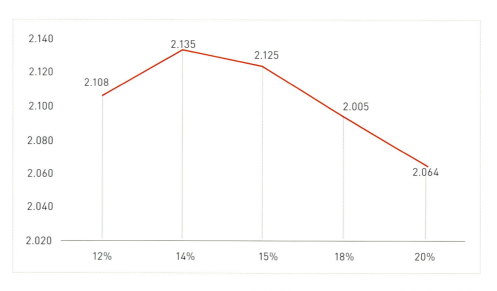

7-30 击实实验中 1∶3∶6 三合土配比的干密度与含水量关系曲线图

1 在分形几何中，盒维数又称计盒维数、闵可夫斯基维数，是一种测量距离空间 (X, d)，比如欧氏空间 Rn 中分形维数的计算方法。

古月桥保护修缮工程报告 Conservation Project of Guyue Bridge

3.三合土防渗层施工

古月桥桥面下的中间填充层有一定的缺失,需要对其进行补充,并做防渗处理。三合土防渗层施工采用分步分层夯实法,施工工艺流程如下。

第一步:在桥面板以下挖除约300mm厚的填土,保留原填土深度80～100mm,将表面压实。

第二步:三合土湿夯。施工单位根据经验对三合土的配比做了调整,施工中按熟石灰、黏土、沙体积比为1:2:4的配比混合,掺水拌合均匀。三合土的含水量根据经验掌握。将拌合好的三合土均匀铺设在桥面基底层之上,虚铺100～120mm,用脚踩踏严实后,隔三五天人工拍打一次,每次均要拍透,拍至约80mm,表面平整并出石灰浆为止。三合土配料,现场留样制作试块供数据检测对比。

第三步:铺设防水层。在上述拍打好的头层三合土上面铺一层三元乙丙防水层。防

7-31 桥面三合土防水层施工现场

水层上面再虚铺 50mm 厚的三合土，三合土熟石灰、黏土、沙的体积配合比为 1 : 2 : 3，踩实压紧后人工分次拍打平整，至表面出石灰浆，厚度约 30mm。再于上表面抹一层纸筋灰膏（100% 的纸筋灰加水拌合成灰膏，适于用刮灰刀抹面为宜），厚约 2mm，用于封孔，盖上塑料薄膜养护，养护周期为 15 ~ 28 天。

第四步：灰土层干夯。三合土防渗层上面加铺 100 ~ 120mm 厚的灰土层，灰

7-32　桥面三合土防渗层上面抹纸筋灰浆施工现场

土按熟石灰：黏土、统沙（沙石骨料）的体积配合比 3:7 调配，掺水拌合均匀，含水量适当，凭经验控制在用手攥紧能捏成团、松开即散的干湿度。虚铺厚度为 120 ~ 150mm，用力分次拍打平整，至表面出石灰浆为止。

第五步：灰土铺装层。用石灰、黄泥：统沙骨料体积配合比为 3:7 的灰土，加水拌合均匀，含水量和第四步做法相仿，以用力能捏成团、松开即散为宜。虚铺 80 ~ 100mm，用脚踩踏严实，上面铺石板。石板的规格尺寸按原状加工，厚度在 90 ~ 110mm，石板的厚薄以下面的铺装层找平，满足桥面表面平整的质量要求。

施工过程应注意全程做好资料记录，现场要求施工人员对三合土防水层采用洗衣服的棒槌人工夯实，且动作幅度不宜过大。同时，需对三合土防水层加强养护，避免开裂。桥面进行雨水防渗测试，在大雨和连续下雨后观察是否有雨水渗漏，如有渗漏，进行整改。要求中间填充层夯实厚度达到 300mm（桥中央部位）。

（七）桥面修补归安

将清洗整理好的桥面石板，在桥面上按原位置及尺寸先试排，缺失的桥面板用旧石材或采自当地石场的新石材，用传统工艺按原样加工补配，尺寸不合处再人工剔凿打磨，使整个桥面补充完整。

铺装时按先中间甬路，再铺横向阶条石，然后从中间向东西、南北两侧按原状均衡顺铺石板。采用竖铺方式，铺在灰土铺装层上。桥面板厚度 80 ~ 100mm，厚薄不够统一，铺设时底部可用灰土铺装层找平，须确保表面平整。铺设好后再用纸筋灰浆（纸筋灰：沙 =3：1）勾缝。勾缝采用传统方式，尽量精细、平稳，对溢出石板表面的灰浆，应及时用抹布清理干净。

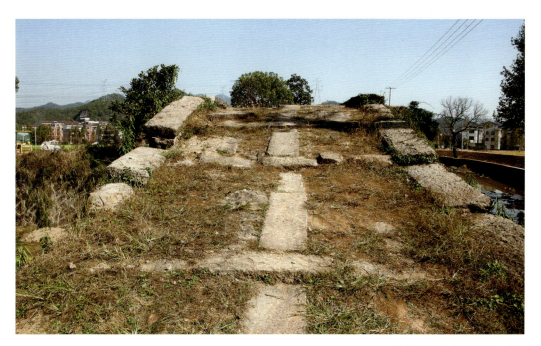

7-33　修缮前南侧桥面状况（南—北）

7-34　修缮后南侧桥面状况（南—北）

7-35　修缮前中部桥面状况（北—南）

7-36　修缮后中部桥面状况（南—北）

7-37　修缮前北侧桥面状况（北—南）

7-38　修缮后北侧桥面状况（南—北）

（八）修补材料随色处理

古月桥整体施工完成后，由于节点处修补材料存在明显的色差。运用色差仪多次对石构件节点修补材料进行色差检测，未发现修补材料有明显的色差变化。因此，施工方对石构件节点修补处的材料进行了随色处理。

由于施工方第一次接触水硬性石灰保护材料，缺乏对色差处理的经验，施工前向材料供应商——上海德赛堡建筑材料有限公司的相关技术负责人就如何对水硬性石灰保护材料进行随色处理、施工应注意的相关事项以及选择什么样的材料等方面问题，进行了细致的咨询。经过技术消化和整理，并由技术服务方会同施工方在古月桥上较隐蔽的部位先进行局部现场试验，对"牺牲性"修补加固材料随色处理归纳出以下施工技术要点。

在调色时需配合黄、黑色浆调色，色浆总量不要超过拼色剂总量的 3%。

基面必须干燥清洁，无污物、风化物、泛碱等存留物或藻类和苔藓等微生物。

基面若存在缺陷，如裂缝、接缝处裂隙等，必须先予以修复。

可利用刷子或低压喷涂设备将产品施加于待处理表面。

处理过的表面在 5 小时内应做好防护，确保不受雨淋。在拼色达到要求后，必须再整体淋涂一道无色透明的憎水保护剂（如碧林®憎水剂 RS96）；在不宜进行憎水拼色部位，应选择其他拼色剂。

（九）排水和周边环境整治

古月桥桥堍在东南、东北和西南侧周边均为绿地，东南、东北侧的护坡因填土地势较高，雨水容易通过侧墙条石间的缝隙渗入桥体。为改善排水，对周边环境进行了有效的整治，在古月桥桥堍两侧开挖宽约 150mm 的排水明沟，用三合土夯实，使雨水直接排入河道。

六·工程实施小结

古月桥修缮工程在方案完成后，于施工中继续边勘察、边实验、边检测、边监测。整个实施过程体现了高科技保护技术与传统工艺的紧密结合，限制位移和结构受力构件的节点及截面风化修补加固所用的"牺牲性"保护材料使用了专为古月桥修缮新研发且获得专利的改性水硬性石灰材料。施工过程中采用现代检测技术手段，如运用色差仪、红外热像仪、砂浆强度检测分析仪等设备对材料性能是否达到设计指标进行检测，但对桥梁三合土防水层施工、桥底板加工补配、侧墙石、压阑石修整归安、桥面施工等又完全按照当地传统工艺进行施工。施工过程中对原结构尽量少做扰动，除桥面严重破损无法再用的石材予以更换外，对结构构件无一更换，最大限度地保留了文物本体的历史信息。施工管理创新在于引入科技服务团队全程参与施工过程，在材料的试验和优化配制、施工工艺流程、结构安全措施和施工技术指导、在线监测等方面由技术服务单位和施工单位紧密配合，确保工程能严格按设计理念和设计方案施工，保证了施工的质量和安全。

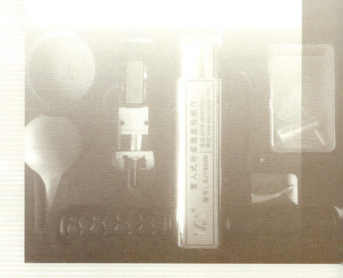

监测

捌

根据《古月桥勘察修缮设计方案》中的施工监测设计，为确保施工安全，需要对古月桥施工过程中的安全状况、施工后的效果及周围微环境实施监测。监测采用先进技术持续采集相关信息，通过分析古月桥保护施工材料的各项性能理化数据，对照相应的技术标准，了解施工材料和工艺是否达到设计标准；通过对施工过程的结构变形监测，实时掌握施工过程的结构安全情况；通过定期对修缮后各项指标的监测，对"牺牲性"材料的修复效果进行跟踪，为后续文物建筑修复和保护提供技术支撑；通过对周围微环境的在线监测，评估石质文物赋存环境与表面病害发育情况，并对古月桥病害发展状况进行预测预警。工作流程图如下。

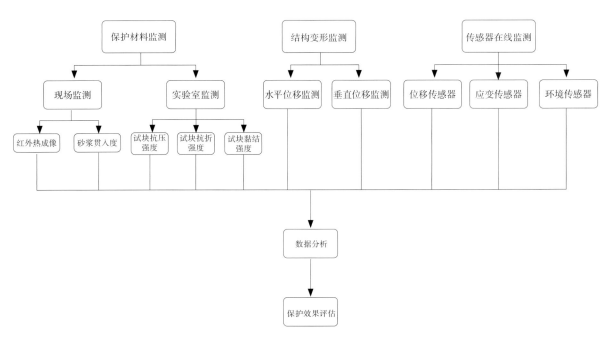

一
·
监
测
技
术
手
段

（一）保护材料监测

1. 红外热像仪检测

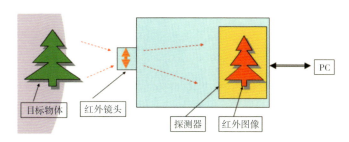

目标物体　红外镜头　探测器　红外图像　PC

所有高于绝对零度（-273℃）的物体都会发出红外辐射。红外热像仪将物体发出的不可见红外能量转变为可见的热图像。热图像上面的不同颜色代表被测物体的不同温度。通过查看热图像，可以观察到被测目标的整体温度分布状况，研究目标的发热情况，从而进行下一步工作的判断。

选取灌浆修补处节点，对其进行热成像拍摄，之后用喷壶对其进行湿润降温，水干后过5分钟测量。如果灌浆处和石材表面温度分布基本与喷水前一致，说明材料内部不存在大量水分，灌浆材料本身较为均匀致密。如果温度分布出现明显断层，说明修补材料和石材面脱开。如果温度分布十分均匀，无明显断层情况，说明修补材料和石材面黏结性能良好，没有出现松动脱开的现象。

2. 砂浆贯入度检测

砂浆强度检测是根据测钉贯入修补材料的深度推断其抗压强度。灌入式砂浆强度检测仪采用压缩工作弹簧加荷，把测钉贯入修补材料中，通过测强曲线，由测钉的贯入深度来换算修补材料抗压强度的检测方法。

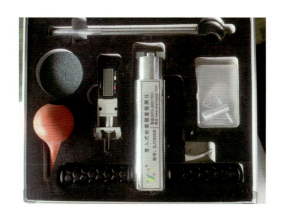

（二）结构变形监测

1. 监测周期和频率

根据设计要求，结合项目自身特性，本项目监测周期根据施工实施进度确定，工程竣工后一年结束。

监测频率为施工开工前完成初次监测，连续施工期间每月 1 次；施工结束后前 6 个月期间，设定为每 2 个月 1 次；施工结束后 6 个月期间，设定为每 6 个月 1 次，总次数为 9 次。当变形观测过程中变形量或变形速率出现异常变化、变形量达到或超出预警值、建筑本身或周边建筑及地表出现异常，由于自然灾害（地震、山洪暴雨、强降雪、台风）引起的其他异常情况之一时，应立即报告委托方并及时增加观测次数。

2. 变形监测基准网

变形监测基准网采用假定坐标系统，分为平面监测基准网和高程监测基准网。

（1）平面监测基准网

在古月桥上下游的两岸拟布设由 3 个平面监测基准点组成的平面监测基准网，3 点之间要求相互两两通视，便于核查检验。平面监测基准点要求设带有强制归心装置的观测墩，强制对中装置的对中误差不应超过 ±0.1mm，观测墩的浇筑按设计图纸要求制作。强制对中装置选用不锈钢材质，以增加抗腐蚀性。对中装置的盘面埋设应保持水平，保证其不平度小于 4′。

平面监测基准点应选在通视良好且能长期保存的位置。视线距离障碍物（距上、下和旁侧）不小于 1.5m，避免了视线通过吸热、散热引起的抖动。考虑到观测墩和文物周边环境的融合，在实际设立过程中，结合现场环境及场地条件，在保证观测墩的精度和稳定性的情况下，也可以适当改变观测墩的形状或高度。观测墩选埋过程中，技术人员始终在现场指导、监督，确保工程质量。

8-04　现场布设的观测墩

平面监测基准点编号由 5 个字符组成，第 1 位统一以"GYO"标识，表示平面监测基准点，后 2 位采用"01"的形式流水编号。

本次平面监测基准网施测使用精密全站仪实测边角网，主要精度指标应符合下表的技术要求。

表8-1　平面监测基准网精度指标

测角中误差（"）	三角形最大闭合差（"）	方位角闭合差（"）	导线全长相对闭合差
1.8	7	$3.6\sqrt{n}$	≤1/55000

水平角观测采用方向观测法，当观测方向 ≤ 3 个时，可不归零；当观测方向 > 3 个且 ≤ 6 个时，应归零；当观测方向 > 6 个时，应分组归零观测，每个监测基准点水平角观测 3 测回。其主要技术要求如下表。

表8-2　方向观测法主要技术要求

半测回归零差（"）	1测回2C互差（"）	同一方向值各测回较差（"）
6	9	6

距离测量使用短程电磁波测距仪，边长观测均进行对向观测，每条观测边测 3 测回（1 测回是指照准目标 1 次，读数 4 次的过程）。每次距离观测前均读取现场气压及温度值，并记录在观测手簿中，同时代入全站仪进行现场改正计算。其测距的具体技术要求如下表。

表8-3　测距具体技术要求

每边测回数		1测回读数较差（mm）	单程各测回较差（mm）	往返测距较差（mm）
往	返			
2	2	≤ 5	≤ 7	≤ 2(a+b×d)

观测完成后，使用采用 SOUTH 平差易平差软件进行平差处理，各项精度指标均符合要求后，成果方可使用。

平面基准网首期观测均进行 2 次独立观测，取 2 次独立观测值的平均数作为首期观测成果。

平差后得到平面监测基准网各点初始坐标，并作为平面基准监测点的真值。每期变形监测以上述各点坐标为起算，直至进行下次基准网复测为止。

8-05 平面基准网布设点　　　　8-06 高程基准网布设点

（2）高程监测基准网

在3个平面基准点的观测墩基础上设计布设3个高程基准点，采用普通混凝土地面标石，现场浇筑采用在强制对中墩基础上直接设置标石的方法埋设。

高程监测基准点编号由4个字符组成，第1位统一以"Ⅱ"标识，表示高程监测基准点，后3为采用"001"的形式流水编号。

高程基准网观测采用国家二等水准外业观测方法进行观测，使用 TrimbleDiNi03 电子水准仪进行，测量至每个高程基准点，得到高程基准网点成果数据，水准网要求成环闭合。

在每天水准测量开始前，应进行一次 i 角检校，每次检校 i 角不得大于 15″，并做好现场检校记录。

水准观测均在成像清晰而稳定的条件下进行。尺垫均安置在稳固的地面上。

每个测段均进行往返观测，最后取每个测段的往返高差中数，作为最终高差成果。测站观测限差均符合下表的技术指标。

表8-4　测站观测限差技术指标

视线长度	前后视距差	前后视距累积差	视线高度	两次读数之差	路线闭合差
≤50m	≤1.0m	≤3.0m	≥0.3m	≤0.4mm	$\pm 4\sqrt{L}$ mm

高程基准网观测值经过高差改正后，采用 SOUTH 平差易平差软件进行平差处理。其主要技术指标如下。

每千米水准测量的高差偶然中误差：$m_\triangle \leqslant \pm 1mm/km$

每千米水准测量高差全中误差：$m_w \leqslant \pm 2mm/km$

高程基准网首期观测均进行2次独立观测，取2次独立观测值的平均数作为首期观测成果。

平差后得到高程监测基准网各点初始坐标，并作为高程监测基准点的真值。每期变形监测以上述各点高程值为起算，直至进行下次基准网复测为止。

古月桥保护修缮工程报告 Conservation Project of Guyue Bridge

3. 变形监测

根据设计方案要求，监测分基础及牛头石垂直位移和水平位移监测两部分内容。

（1）基础及牛头石垂直位移监测

基础及牛头石垂直位移监测针对受力特征点高程，通过采集多期数据，计算分析各受力特征点不同时期的高程变化量和变化速度，为判断桥面是否稳定提供量化数据。在桥的4个牛头石和条石基础的两端设置垂直位移监测点，并布设12个桥面垂直位移监测点。

垂直位移监测标志采用半圆形平底不锈钢，标志直径长20mm，凸起部分高8mm。监测点的埋设保证观测标志与被监测构件连接成一个整体，保证点位的自身稳定和可靠。安装观测点时考虑了观测标志上方留有一定的净空，并无妨碍竖立水准尺的凸出障碍物。

8-07 布设完成的垂直位移观测点

桥面垂直位移监测采用几何水准法观测，观测精度按高程基准网观测要求执行。每次观测采用闭合水准路线，每期观测起算点和观测线路保持一致。桥面垂直位移监测首次观测均进行2次独立观测，取2次独立观测值的平均数作为首期观测成果。

（2）牛头石水平位移监测

牛头石水平位移监测通过采集多期牛头石两端水平位置的空间数据，计算分析各点不同时期的水平位置变化量和变化速度，为判断桥拱整体是否稳定提供量化数据。

在古月桥的4个牛头石的两端设置8个水平位移监测点。水平位移监测标志采用正方形的红外反射片，规格为30mm×30mm。水平位移监测点的埋设须保证观测标志与被监测构件连接成一个整体，保证点位的自身稳定和可靠。安装观测点时应尽量让标志中心正对测站，是观测视线垂直于标志反射面。安装完成后注意免受碰撞、挤压及其他意外的影响。

桥拱水平位移监测采用极坐标法，观测精度要求按平面监测基准网观测要求执行。牛头石水平位移监测首次观测均进行2次独立观测，取2次独立观测值的平均数作为首期观测成果。

4.变形数据分析

在每期观测之前，应对基准点的稳定性进行检查。基准点的稳定性检查应根据本次复测数据与上次数据之间的差值，通过组合比较的方式对基准点的稳定性进行分析。

相邻两期观测点的变动分析可通过比较观测点相邻两期的变形量与最大测量误差（取2倍中误差）来进行。当变形量小于最大误差时，可认为该观测点在这两个周期没有变动或变动不显著。反之，可认为观测点有变动。

对多期变形观测成果，当相邻周期变形量虽然很小，但多期呈现出明显的变化趋势时，也应视为有变动。

（三）实时在线监测

1.在线监测目的

因古月桥结构存在较多的不确定性，包括构造、材料、病害等，在施工过程中，如桥面翻修、侧墙条石的局部归位、桥底石梁间错位拉脱、施工材料的搬运等一些不定性因素，仅靠结构变形监测不能时刻掌握其变化，且不加以控制的话可能会导致二次破坏，因此需要实施传感器在线监测，在施工过程中对上述影响进行全程监控以指导施工，以便及时调整施工措施或工艺。

（1）监测内容

主要监测施工过程中石梁间的应力、应变关系，关键节点部位的局部位移变化，桥本体附近的环境变化，见表8-5。

（2）监测系统

本工程采用光纤光栅应变传感器、光纤光栅压力计、光纤光栅位移计以及光纤光栅解调仪，监测设备组成，见表8-6。解调仪采用8通道，放置于室外标准机柜内，电源直接供电。采用无线传输的形式，数据存入租赁的阿里云服务器。终端用户通过阿里云账户进行数据读取。

表8-5 在线监测内容

测点	监测项目	监测指标	监测周期
微型气象站	气象参数	风速	30min间隔，采样瞬时值
		日照（辐射）	
		风向	
		温度、湿度	
古月桥	结构稳定性	拉压应力	30min间隔，采样每一时段最大值
		位移（水平、竖向）	
	高清晰度摄影	古月桥两侧全景	每月30日（2月28日或29日）拍摄一次，统一时间、光圈、快门、角度
间接监测	空气质量	硫氧化物	去当地相关部门收集
		氮氧化物	
		PM10	
		二氧化碳	30min间隔，采样瞬时值
	酸雨情况	降雨pH值	去当地相关部门收集

表8-6 监测设备

设备名称	数量	设备名称	数量
光纤光栅解调仪	1台	光照度传感器变送器	1台
光纤光栅钢表面应变计	20支	风向传感器	1台
光纤光栅压力计	4支	风速传感器	1台
光纤光栅位移计	8台	温湿度传感器	1台
二氧化碳传感器	1台	模拟量采集模块	1台
DTU无线传输模块	1台		

（3）传感器布置

表面应变计主要布置在保护性钢结构支撑架钢梁的表面。位移计主要布置在桥体中间东西两侧两个牛头石外侧边缘，采用螺栓固定。压力计主要布置在关键节点石梁下表面，并与钢结构支撑架钢梁表面接触。

8-09 现场连接光纤

8-10 现场点焊光纤光栅应变传感器

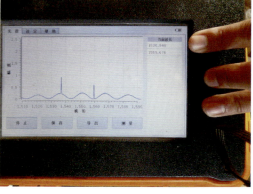

8-11 粘接传感器表面防水膏

8-12 现场调试传感器

8-13 传感器接收终端

　　传感器的安装应遵循最小干预的原则，尽可能采用可逆的方式。电缆走线沿着工字钢内表面，并用钢丝固定，使工人难以接触。桥本体外侧为防止行人拉扯破坏，采用 ppc 管预埋。主要的传感器需适当预留以备增加测点，结构病害处的传感器需根据现场实际情况定。

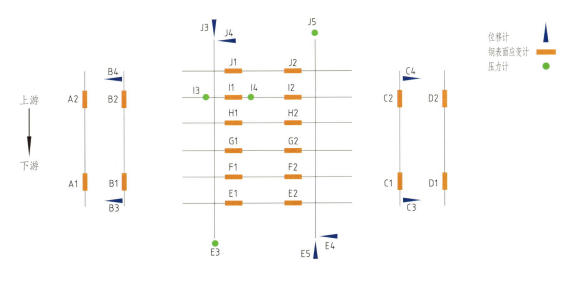

8-14　传感器布置总平面分布示意图

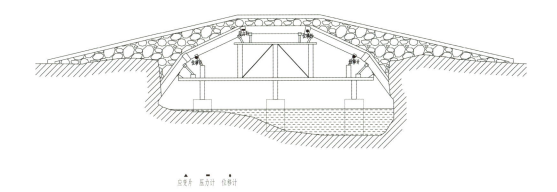

8-15　传感器点位布置图一

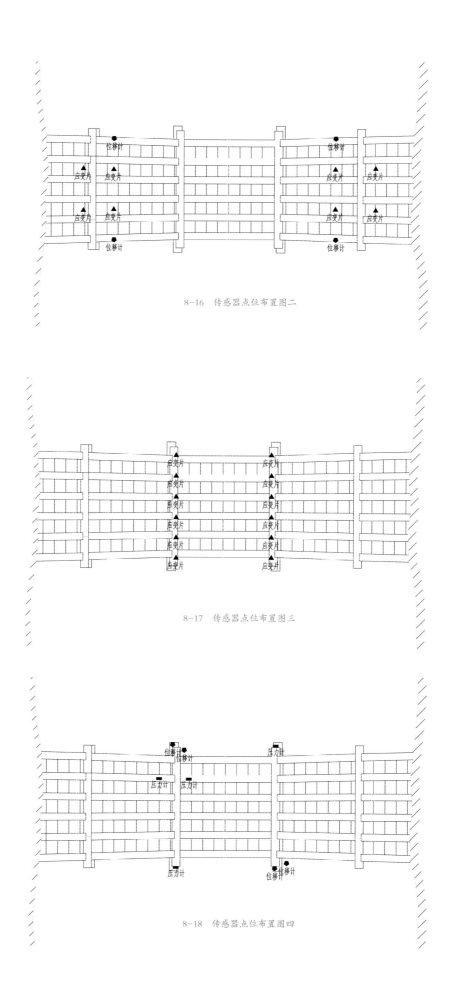

8-16　传感器点位布置图二

8-17　传感器点位布置图三

8-18　传感器点位布置图四

二 · 施工过程监测与分析

（一）结构变形监测结果

1. 基础及牛头石垂直位移监测

在每次测量前，都必须对布设于基础及牛头石的 9 个本体特征观测点进行现场踏勘，若变形观测点保存完好，未有碰动现象，可直接观测。

古月桥垂直位移监测采用几何水准法观测，以 Ⅱ 01（H=80.000）为起算点布设闭合水准路线，观测方法和各项观测指标按设计要求执行。

外业观测完成后，通过"SOUTH 平差易"平差软件进行平差处理。其各项精度指标统计详见表 8-7。

表8-7　垂直位移监测观测精度指标

每千米高差全中误差	每千米高差全中误差限差	高差闭合差	高差闭合差限差
1.45mm	2.0mm	−0.54mm	±1.49mm

通过以上各项指标的比较分析，各项限差均满足设计要求，现场观测数据可靠。例举古月桥垂直位移第四次监测成果如表 8-8，垂直位移监测点位布置如图 8-19。

表8-8　垂直位移第四次监测成果表

序号	点号	H（m）	备注
1	CZ01		观测点无法布设
2	CZ02	80.3254	
3	CZ03	82.1400	
4	CZ04	81.9491	
5	CZ05	81.5753	
6	CZ06	80.4446	
7	CZ07		观测点无法布设
8	CZ08	80.3932	
9	CZ09	81.9477	
10	CZ10	81.9481	
11	CZ11	80.1816	
12	CZ12		观测点无法布设

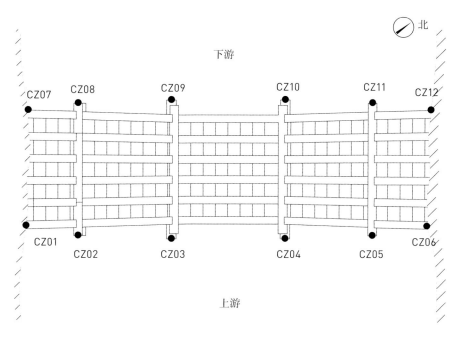

8-19 垂直位移监测点点位布置图

2.牛头石水平位移监测

在每次测量前，都必须对布设于牛头石的 8 个水平位移观测点进行现场踏勘。期间在第三次测量时发现 3 号点位被施工方修补材料所遮挡，导致数据缺少，但不影响本次观测。后续测量已经补上此号点位。

古月桥水平位移监测采用极坐标法，每个监测点角度和距离各观测 2 测回，观测方法和各项观测指标参照平面监测基准网观测限差要求执行。

外业观测完成后，通过"SOUTH 平差易"平差软件进行平差处理。其观测各项精度指标统计详见表 8-9。

表8-9 观测指标统计表

	1测回2C互差最大值	同一方向值各测回较差最大值	半测回归零差最大值	1测回测距读数较差最大值	单程测距各测回较差最大值
差值	3″	2.25″	1″	0.5mm	0.5mm
限差	9″	6″	6″	5mm	7mm

2017 年 10 月 10 日

注：当观测方向的垂直角超过 ±3° 的范围时，该方向 2C 互差可按相邻测同方向进行比较，其值应满足表中一测回内 2C 互差的限值。

通过以上各项指标的计算，两次独立观测的各项限差均满足设计要求，数据完整，成果可靠。列举古月桥水平位移第四次监测数据详见表8-10，其水平位移监测点位布置如图。

表8-10　水平位移第四次监测数据

序号	点号	X(m)	Y(m)
1	SP01	4997.4502	7994.4883
2	SP02	4997.4748	7998.2861
3	SP03	4997.7448	8002.1532
4	SP04	4997.6946	8005.8532
5	SP05	5002.4353	7994.3281
6	SP06	5002.2592	7998.0139
7	SP07	5002.3922	8002.2351
8	SP08	5002.4355	8005.6769

2017 年 10 月 10 日

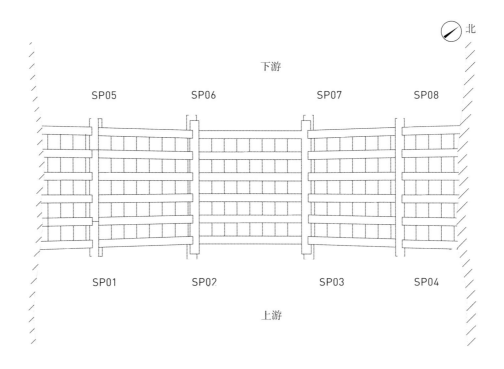

8-20　水平位移监测点点位布置图

（二）监测数据比较分析

在每期观测之前，对基准点的稳定性进行检查，基准点的稳定性检查根据本次复测数据与上次数据之间的差值，通过组合比较的方式对基准点的稳定性进行分析。

根据设计要求，监测水平位移观测点坐标中误差应优于 ±3mm，垂直位移观测点测站高差中误差应优于 ±0.5mm，取二倍中误差作为本次监测的极限误差。确定监测观测点坐标限差为 ±6mm，高程限差为 ±1mm。

变形分析采用相邻两周期观测点平差值之差与设计精度限差相比较进行。当相邻两期观测点平差值之差小于设计精度限差，则可认为观测点在这一周期内位移量没有变动或变动不显著。反之，可认为观测点位移量显著。当多期平差值之差虽然很小，但呈现一定趋势，并且累计差值较大也应视为位移量显著。

表8-11　垂直位移监测数据统计分析表

序号	观测点号	初次观测	第3次监测	第4次监测	本次沉降量（mm）	累计沉降量（mm）	限差（mm）
		2016年12月17日	2017年8月16日	2017年10月10日			
		温度：17℃	温度：33℃	温度：21℃			
		高程值（m）	高程值（m）	高程值（m）			
1	CZ02	80.3245	80.3262	80.3254	−0.8	0.9	±1.0
2	CZ03	82.1379	82.1422	82.1400	−2.2	2.1	±1.0
3	CZ04	81.9478		81.9491		1.3	±1.0
4	CZ05	81.5745	81.5773	81.5753	−2.0	0.8	±1.0
5	CZ06	80.4434	80.4454	80.4446	−0.8	1.2	±1.0
6	CZ08	80.3920	80.3948	80.3932	−1.6	1.2	±1.0
7	CZ09	81.9452	81.9497	81.9477	−2.0	2.5	±1.0
8	CZ10	81.9457	81.9497	81.9481	−1.6	2.4	±1.0
9	CZ11	80.1808	80.1827	80.1816	−1.1	0.8	±1.0

表8-12　垂直位移历次监测数据表

序号	观测点号	初次观测	第2次监测	第3次监测	第4次监测
		2016年 12月17日	2017年 2月21日	2017年 8月16日	2017年 10月10日
		温度：17℃	温度：12℃	温度：33℃	温度：21℃
		高程值（m）	高程值（m）	高程值（m）	高程值（m）
1	CZ02	80.3245	80.3244	80.3262	80.3254
2	CZ03	82.1379	82.1371	82.1422	82.1400
3	CZ04	81.9478	81.9471	/	81.9491
4	CZ05	81.5745	81.5738	81.5773	81.5753
5	CZ06	80.4434	80.4428	80.4454	80.4446
6	CZ08	80.3920	80.3922	80.3948	80.3932
7	CZ09	81.9452	81.9455	81.9497	81.9477
8	CZ10	81.9457	81.9460	81.9497	81.9481
9	CZ11	80.1808	80.1807	80.1827	80.1816

对古月桥9个垂直位移观测点两次监测数据进行对比，具体对比结果详见表8-11、8-12。通过数据对比分析，9个垂直位移观测点中，最大累计沉降量为2.5mm。对古月桥8个水平位移观测点两次监测数据进行对比，具体对比结果详见表8-13、8-14。通过数据对比分析，8个水平位移监测点最小位移量为1.08mm，最大位移量为2.55mm，均小于精度限差±6.0mm。

根据《古月桥勘察修缮设计方案》中模型分析计算结果，"在自然状态下古月桥构件承受的最大竖向位移值为39.22mm，构件承受的最小竖向位移值为5mm；在自然状态下古月桥构件承受的最大水平位移值为9.3mm，构件承受的最小水平位移值为1mm"，并参考《建筑变形测量规范》中规定："在观测等级要求二等条件下变形监测沉降观测允许值为5～10mm，位移观测允许值为15～30mm"，古月桥监测期间最大累计沉降量为2.5mm，累计最大位移变化量为3.58mm，均未超过以上规定。同时，结合传感器在线监测数据和现场安全巡查结果，判断古月桥在施工期间处于稳定状态，施工扰动未对桥体造成实质性影响。

表8-13 水平位移两次监测数据统计分析表

序号	观测点号	初次观测 2016年12月17日 气温：17℃		第3次观测 2017年8月16日 气温：33℃		第4次观测 2017年10月10日 气温：21℃		位移量（mm） 本次			累计		
		X（m）	Y（m）	X（m）	Y（m）	X（m）	Y（m）	ΔX	ΔY	ΔS	ΔX	ΔY	ΔS
1	SP01	4997.4477	7994.4867	4997.4479	7994.4874	4997.4502	7994.4883	2.3	0.9	2.47	2.5	1.6	2.97
2	SP02	4997.4724	7998.2846	4997.4728	7998.2848	4997.4748	7998.2861	2.0	1.3	2.39	2.4	1.5	2.83
3	SP03	4997.8041	8002.2508	被施工方修补材料遮挡		4997.7448	8002.1532						
4	SP04	4997.6918	8005.8519	4997.6923	8005.8521	4997.6946	8005.8532	2.3	1.1	2.55	2.8	1.3	3.09
5	SP05	5002.4335	7994.3270	5002.4361	7994.3267	5002.4353	7994.3281	−0.8	1.4	1.61	1.8	1.1	2.11
6	SP06	5002.2559	7998.0125	5002.2597	7998.0119	5002.2592	7998.0139	−0.5	2.0	2.06	3.3	1.4	3.58
7	SP07	5002.3907	8002.2337	5002.3931	8002.2334	5002.3922	8002.2351	−0.9	1.7	1.92	1.5	1.4	2.05
8	SP08	5002.4336	8005.6758	5002.4361	8005.6760	5002.4355	8005.6769	−0.6	0.9	1.08	1.9	1.1	2.20

表8-14 水平位移历次监测数据表

序号	观测点号	初次观测 2016年12月17日 气温：17℃		第2次观测 2017年2月21日 气温：12℃		上次观测（第3次观测） 2017年8月16日 气温：33℃		本次观测（第4次观测） 2017年10月10日 气温：21℃	
		X（m）	Y（m）	X（m）	Y（m）	X（m）	Y（m）	ΔX	ΔY
1	SP01	4997.4477	7994.4867	4997.4474	7994.4867	4997.4479	7994.4874	4997.4502	7994.4883
2	SP02	4997.4724	7998.2846	4997.4725	7998.2847	4997.4728	7998.2848	4997.4748	7998.2861
3	SP03	4997.8041	8002.2508	4997.8041	8002.2507	观测点被施工方修补材料所覆盖		4997.7448	8002.1532
4	SP04	4997.6918	8005.8519	4997.6918	8005.8519	4997.6923	8005.8521	4997.6946	8005.8532
5	SP05	5002.4335	7994.3270	5002.4341	7994.3264	5002.4361	7994.3267	5002.4353	7994.3281
6	SP06	5002.2559	7998.0125	5002.2576	7998.0112	5002.2597	7998.0119	5002.2592	7998.0139
7	SP07	5002.3907	8002.2337	5002.3913	8002.2328	5002.3931	8002.2334	5002.3922	8002.2351
8	SP08	5002.4336	8005.6758	5002.4344	8005.6755	5002.4361	8005.6760	5002.4355	8005.6769

（三）在线监测结果与分析

监测数据反映出大部分监测点在此监测周期内的结构变形是稳定或是波动，在桥底石构件节点材料修补期间，监测点 A1、B1、B2、D1、D2、H1、H2、J1、J2 个别时间段存在着少量的结构变形。通过分析，由于以上传感器均安装在钢梁表面，而材料施工时施工人员长时间在钢结构支撑架上活动，使得钢支撑受力导致形变，因此监测数据的波动很大程度受到现场工人施工情况的影响。对于波动较大的监测点，后期需加强进一步监测。

以应变传感器 D2 为例进行数据分析。该传感器于 2016 年 1 月 2 日完成安装并调试正常。2016 年 1 月 3 日 ~ 2017 年 9 月 30 日监测期间，D2 传感器在线监测数据显示，桥体未施工期间，传感器数据无明显波动情况。其中 2017 年 6 月中旬至 8 月中旬期间，传感器数据有较为明显的波动。经分析，6 ~ 7 月为梅雨季节，河道水位上涨迅猛，溪水流速很大，导致钢结构支撑架受到的阻力增大，引起传感器数据波动，待水位下降之后，传感器数据又能恢复到原来正常状态，表明这段时间内水位和流速的变化对钢结构支撑架有一定的影响。然而，布置于桥本体的传感器无大的波动，说明水位和流速的变化对古月桥本体并无影响。钢结构支撑搭设牢固可靠，亦未对桥体产生破坏作用。8 月期间，传感器数据有轻微变化，由于此段时间正在进行桥面侧墙施工，结合结构变形测量结果可得，本次侧墙石局部归安施工对桥体有轻微的扰动，与传感器在线监测结论相一致。9 月桥面施工在桥面石板拆卸、防水层施工和桥面石板回填等施工节点，传感器在线监测数据有轻微波动，和结构变形监测对基础和牛头石垂直位移监测点观测数据显示结果相符。通过对桥基、桥体结构等多处设置石膏饼观测以及日常安全巡查等技术措施，未发现古月桥桥底节点修补材料和石膏饼出现裂缝或裂隙现象，表明其整体结构在施工过程中处于稳定状态。

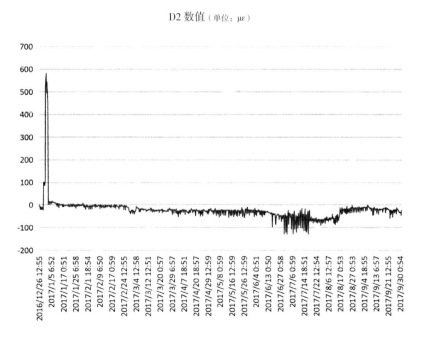

D2 数值（单位：µε）

8-21　应变传感器 D2 分析图

（一）保护材料施工效果现场无损检测结果与分析

1. 红外热成像检测分析

在选定检测点修复完成 28 天后，采用 FlukeTis 40 型红外热成像仪对修复的各节点进行了红外拍摄，以 3 轴与 B 轴交点（B3）修复材料粘接修复效果进行分析。

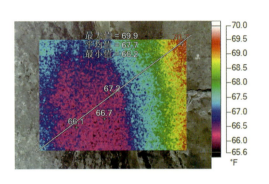
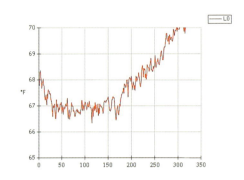

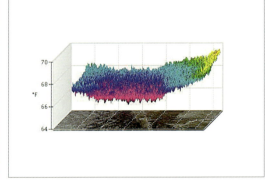

8-22　红外热成像图片与其可见光图片　　　　　　　　　　8-23　3D-IR™

从红外热成像图片与其可见光图片和 3D-IR™ 分析图，分析结果如下。

（1）从红外热成像图片可以看出，灌浆修复裂缝两侧与石材本体粘接面处均为黄色，框选区域温度最大值为 46.4°F，最小值为 45.2°F，平均温度为 46°F，即石材本体到粘接面再到修复材料导热效果良好。

（2）在与裂缝呈 30° 夹角方向做一条线 L1，L1 贯穿裂缝及其两侧石材。随后做出 L1 上各点温度变化曲线，可以看出 L1 上各点温度在 46°F 左右，温差变化较小。此外，从 L1 线上的温度 3D-IR™ 图也可看出，该线上绝大多数为 46°F 左右的黄色区域。从以上分析可以看出修复材料与石材粘接效果较好。

根据以上检测方法对所有修补节点进行检测，修补后的节点无论是表面勾缝修补或是支模分层修补加固，红外拍摄的照片均显示修复材料与石材粘接效果良好。

2. 砂浆强度检测分析

分别在石构件节点修复完成 28 天及 180 天后对部分节点处修补材料进行砂浆贯入度抽查检测，最后得到如表 8-15、8-16 中数据。节点修复材料养护 28 天后的抗压强度为 5.4MPa～10.1MPa，节点修复材料养护 180 天后的抗压强度为 6.8MPa～15.2MPa。

通过对石构件节点间修补材料的强度抽查检测，节点间修补材料的 180 天强度基本能达到或接近设计方案和实验室抗压试验的强度要求（目标抗压强度为 10MPa～20MPa）。根据该修复材料特性，随着时间推移，材料强度还会继续增长，故部分强度较小测点还需在后期监测中继续重点跟踪，以确保抽测点强度 100% 达到要求。

表8-15　砂浆强度检测数据表（28天）

编号	表面抹灰贯入度值/mm			抗压强度换算值/MPa	编号	表面抹灰贯入度值/mm			抗压强度换算值/MPa
测区	1	2	平均值		测区	1	2	平均值	
3BL	4.00			8.9	3EL	5.06			5.4
3CL	3.89			9.4	3FL	5.04			5.4
3DL	3.78			10.1					

表8-16　砂浆强度检测数据表（180天）

编号	表面抹灰贯入度值/mm			抗压强度换算值/MPa	编号	表面抹灰贯入度值/mm			抗压强度换算值/MPa
测区	1	2	平均值		测区	1	2	平均值	
4AL	3.91	3.09	3.50	11.9	4DR	4.01	5.09	4.55	6.8
4BR	4.06	3.37	3.72	10.4	4DL	3.87	4.45	4.16	8.2
4BL	3.96	3.38	3.67	10.8	4ER	3.30	3.03	3.17	15.2
4CR	3.79	3.98	3.89	9.4	4EL	4.01	3.63	3.82	9.9
4CL	3.69	3.98	3.84	9.7	4FR	3.15	3.71	3.43	12.3

（二）保护材料施工试块实验室留样检测

在现场节点修补、灌浆加固的同时，对每个节点的使用材料进行留样试块制作，并根据不同养护期在实验室对抗压、抗折、粘接强度指标进行检测。

1. 抗折、抗压强度检测分析

现场养护的灰浆试块经过不同养护期，得到抗折、抗压试验数据如表 8-17～8-19 所示：

表8-17 抗折试验数据表

工程名称		古月桥修缮工程		试块材料		水硬性石灰
仪器及编号		DKZ-6000电动抗折试验机		计算公式		Rf=1.5Ff*L/b³
编号	制作时间	试件尺寸（mm）	支座间距离(mm)	试件破坏极限荷载(N)	抗折强度(MPa)	备注
1	2016年12月23日	40×40×160	100	/	1.69	标准养护60d/0.70水胶比
2	2017年1月11日	40×40×160	100	/	2.15	自然养护45d/0.51水胶比

注：标准养护指按规范修改要求进行养护，自然养护指在古月桥现场同条件养护。

表8-18 抗折试验数据表

工程名称		古月桥修缮工程		试块材料		水硬性石灰
仪器及编号		DKZ-6000电动抗折试验机		计算公式		Rf=1.5Ff*L/b³
编号	制作时间	试件尺寸（mm）	支座间距离(mm)	试件破坏极限荷载(N)	抗折强度(MPa)	备注
1	2016 年 12 月 23 日	40×40×160	100	683.9	1.60	自然养护323d/0.70水胶比
2	2016 年 12 月 23 日	40×40×160	100	548.1	1.28	自然养护323d/0.70水胶比
3	2017 年 1 月 11 日	40×40×160	100	979.6	2.30	自然养护304d/0.51水胶比
4	2017 年 1 月 11 日	40×40×160	100	1004.6	2.35	自然养护304d/0.51水胶比
5	2017 年 2 月 22 日	40×40×160	100	865.1	2.03	自然养护262d/0.51水胶比
6	2017 年 2 月 22 日	40×40×160	100	1344.4	3.15	自然养护262d/0.51水胶比
7	2017 年 3 月 16 日	40×40×160	100	503.9	1.18	自然养护240d/0.70水胶比
8	2017 年 3 月 16 日	40×40×160	100	597.1	1.40	自然养护240d/0.70水胶比

注：自然养护指在古月桥现场同条件养护。

不同养护期各试块的抗折强度在 1.18MPa ~ 3.15MPa 区间，修补材料试块抗折强度绝大多数达到了设计方案和实验室抗折试验的强度要求（目标抗折强度为 1.2MPa）。

表8-19　抗压试验数据表

工程名称		古月桥修缮工程		试块材料		水硬性石灰
仪器及编号		YE-300液压式压力试验机		计算公式		Rc=Fc/A
编号	制作时间	试件尺寸（mm）	受压面积（mm²）	试件破坏极限荷载(kN)	抗折强度（MPa）	备注
1	2016年12月23日	40×40×160	1600	20.905	13.07	自然养护323d/0.70水胶比
2	2016年12月23日	40×40×160	1600	24.110	15.07	自然养护323d/0.70水胶比
3	2017年1月11日	40×40×160	1600	31.610	19.76	自然养护304d/0.51水胶比
4	2017年1月11日	40×40×160	1600	29.945	18.72	自然养护304d/0.51水胶比
5	2017年2月22日	40×40×160	1600	17.615	11.01	自然养护262d/0.51水胶比
6	2017年2月22日	40×40×160	1600	21.42	13.39	自然养护262d/0.51水胶比
7	2017年3月16日	40×40×160	1600	20.735	12.96	自然养护240d/0.70水胶比
8	2017年3月16日	40×40×160	1600	/		试块不规则

注：自然养护指在古月桥现场同条件养护。

　　不同养护期各试块的抗压强度在11.01MPa～19.76MPa，修补材料试块抗压强度完全达到了设计方案和实验室抗压试验的强度要求（目标抗折强度为10MPa～20MPa）。

　　2.粘接强度检测分析
　　根据设计方案中的粘接强度试验方法，在现场使用拉拔仪，对粘接在粗糙石材表面的石灰浆体进行垂直拉拔，通过拉拔力换算与石材的粘接强度。经养护的试块通过拉拔试验，得到表8-20数据如下：

表8-20　粘接强度数据表

工程名称		古月桥修缮工程		粘接材料	水硬性石灰
仪器及编号		HC-2000A		计算公式	R=X/S
编号	制作时间	试件尺寸（mm）	粘接力（kN）	抗折强度(MPa)	备注
1	2017年1月11日	45×45	0.565	0.28	养护40d
2	2017年1月11日	45×45	0.573	0.28	养护40d
3	2017年1月11日	45×45	0.603	0.3	养护40d

通过以上表格数据显示，修补材料的40天粘接强度达到了0.28MPa～0.3MPa。同时根据试验破坏结果，黏结强度拉拔的破坏界面均在石灰和端子之间，说明石材与修补材料粘接强度较好，能协同受力不脱落。

四·后续监测措施

古月桥修缮后，义乌市文物保护所落实了专人保护管理，加强对桥体的日常维护和看管，落实除草、防汛等保护措施，对过往车辆实行禁止通行，树立标识。汛期加强对水位观测，及时排除安全隐患。同时，通过建立监测站，对古月桥实施在线监测，建立监测数据云平台。

（一）建立监测站

古月桥修缮后建立了后续跟踪监测的监测站，配备监测设备、数据库软件若干。监测站延用古月桥施工期间结构安全监测的基准网及变形监测精度。后续监测周期暂定为3年（2019~2021），监测频率每年一次。如变形观测过程中变形量或变形速率出现异常变化、变形量达到或超出预警值、建筑本身或周边建筑及地表出现异常，或由于自然灾害（地震、山洪暴雨、强降雪、台风）引起的其他异常情况之一时，系统会立即发出预警，并及时增加观测次数。

变形监测分牛头石水平位移和基础与牛头石垂直位移监测两部分内容。在桥的4个牛头石和条石基础的两端共布设12个垂直位移监测点，通过监测特定受力特征点高程数据，比较多期数据，计算各点不同时期的高程变化量和变化速度，为判断桥面是否稳定提供量化数据依据。在古月桥的4个牛头石的两端设置水平位移监测点，共布设8个

古月桥保护修缮工程报告 Conservation Project of Guyue Bridge

水平位移监测点，通过监测牛头石两端水平位置的空间数据，比较多期数据，计算各点不同时期的水平位置变化量和变化速度，为判断拱架整体是否稳定提供量化数据依据。

1. 监测内容

考虑到古月桥结构存在较多的不确定性，包括构造、材料、病害等影响因素，因此采用光纤光栅实时监测系统，对上述影响因素实施全程监控。主要监测古月桥石梁间的应力、应变关系以及局部关键节点部位的位移变化、材料耐久性和桥本体附近的环境变化。环境参数包括日照、风速、风向、温湿度以及二氧化碳等，如表8-21。

表8-21　各项指标监测表

测点	监测项目	监测指标	监测周期
微型气象站	气象参数	风速	30min间隔，采样瞬时值
		日照（辐射）	
		风向	
		温度、湿度	
古月桥	结构稳定性	修复效果及材料耐久性	120min间隔，采样每一时段最大值
		位移（水平、竖向）	
	高清晰度摄影	古月桥两侧全景	每月30日（2月28日或29日）拍摄一次；统一时间、光圈、快门、角度（监控直接抓取）
间接监测	空气质量	硫氧化物	去当地相关部门收集
		氮氧化物	
		PM10	
		二氧化碳	30分钟间隔，采样瞬时值
	酸雨情况	降雨pH值	去当地相关部门收集

2. 监测系统

监测系统组成采用8通道解调器，放置于室外标准机柜内，电源直接供电。采集数据通过无线传输，统一进行云端存储。原始数据经过智慧数据管理平台统一处理后，终端用户通过PC管理后台或公众号入口终端进行数据查看、统计分析等。

表8-22　监测系统组成设备表

设备名称	数量
8通道光纤光栅解调仪	1
无线采集模块	1
光纤光栅位移计	4
光纤光栅应变计	8
环境监测站（温湿度、二氧化碳、风速风向、光照度及无线采集传输设备）	1
监测数据平台	1
台式电脑	3
多媒体显示终端	1
高清摄像头	2

3. 传感器布置

根据古月桥整体结构，对其进行传感器布置，位移传感器主要布置在牛头石与石梁连接的内侧，如3轴和A轴、4轴与F轴相交处；应变传感器主要布置在石梁和牛头石表面。传感器的安装应遵循最小干预原则，尽可能采用可逆的方式。电缆走线沿着石梁内侧表面，并用钢丝固定，使工人难以接触。桥本体外侧为防止行人拉扯破坏，采用ppc管预埋。主要的传感器需适当预留接口以备增加测点。

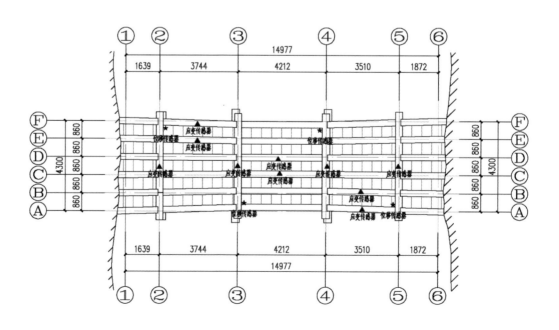

（二）建立数据监测云平台

无线采集，云端存储。各传感器模块采集的项目监测原始数据，通过无线传输协议实时上报到数据监测云平台进行云端存储。

智能分析，实时呈报。监测数据经过数据智慧处理模块相应规则的处理分析后，通过 WEB 传输协议，将分析处理后的实时变化动态、趋势变化统计等呈现到数据汇总电子看板上。

PC 移动，多端支持。终端用户可以通过 PC 端管理后台进行数据查询及统计等管理工作，也可通过手机浏览器、微信公众号等入口跟踪查看监测数据的实时动态变化情况，随时随地，方便快捷。

多级预警，及时响应。当系统监测到数据异常变化时，可按预设的异常预警等级通报机制规则，第一时间对不同异常等级、不同异常问题等相关情况，以短信或微信模版消息等形式对相关人员进行预警告知。

电子档案，查漏补缺。以人工巡检的方式定期对监测对象整体或局部测点进行拍照、摄像、关键数据报告录入等，在系统自动监测数据的基础上，对监测对象建立完整的电子数据档案库。

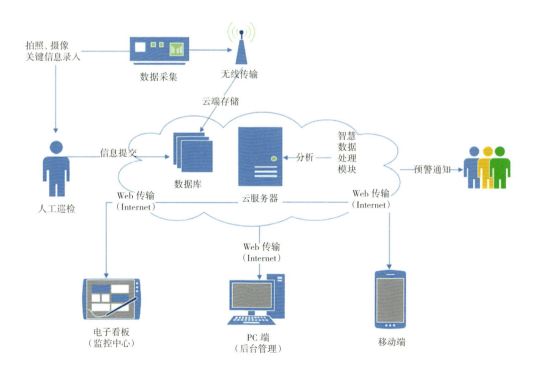

8-25　监测平台系统示意图

（一）变形监测

1. 垂直沉降监测

结合历史监测数据（2016年12月至2020年7月共11期分析），最近一期监测数据与前一期历史监测数据进行比对，上游5个垂直位移观测点中，5个监测点沉降变化量在 -0.3 ~ 0.6mm，下游4个垂直位移观测点沉降变化量在 -0.2 ~ 0.3mm。最近一期监测数据与2016年12月首期历史监测数据进行比对，上游5个垂直位移观测点沉降变化量在 -3.3 ~ 1.4mm，下游4个垂直位移观测点沉降变化量在 -1.1 ~ 2.1mm。从施工期间和施工后期两个监测阶段数据折线图发现，期间两次发生异常变化，引起的原因分别是桥面卸荷施工和桥底支撑系统撤销。

根据现有规范《建筑变形测量规范》，古月桥在监测周期内最大沉降速率为 0.004mm/d ＜规范要求 0.01 ~ 0.04mm/d，可认为其处于稳定安全状态。根据《古月桥勘察修缮设计方案》中模型分析计算结果，在自然状态下古月桥构件承受的最大竖向位移值为 39.22mm，构件承受的最小竖向位移值为 5mm，且《建筑变形测量规范》中根据观测等级要求二等条件下变形监测沉降观测允许值为 5 ~ 10mm，而古月桥相邻两期监测结果沉降变化量最大值为 0.6mm ＜ 5mm，因此可认为其目前处于稳定状态。

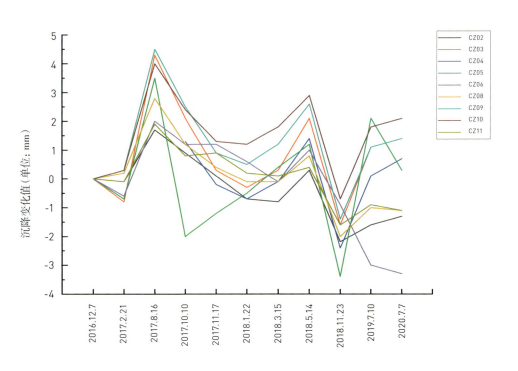

8-26 垂直沉降位移历次累计变化量折线图

2. 水平位移监测

最近一期监测数据与前一期历史监测数据进行比对，8个水平位移监测点中上游4个水平位移监测点SP01、SP02、SP03、SP04水平位移量为1.3～2.0mm，位移轨迹前5次监测呈北边位移，第6～8次监测有所回转，第9～11次监测呈南边位移，但位移量均较小；下游4个水平位移监测点SP05、SP06、SP07、SP08水平位移量为1.5～2.7mm，轨迹图呈无规则运动，位移量较小。最近一期监测数据与2016年12月首期历史监测数据进行比对，8个水平位移观测点的水平位移量为3.41～5.87mm，数据均较小。

根据《古月桥勘察修缮设计方案》中模型分析计算结果，在自然状态下古月桥构件承受的最大水平位移值为9.3mm（基本上处于牛头处），构件承受的最小水平位移值为1mm（基本上处于桥基），且《建筑变形测量规范》中根据观测等级要求二等条件下变形监测位移观测允许值为15～30mm，而古月桥相邻两期监测结果位移变化量最大值为2.7mm＜9.3mm，且累计最大位移变化量为5.87 mm＜9.3mm，因此可认为其目前处于稳定状态。

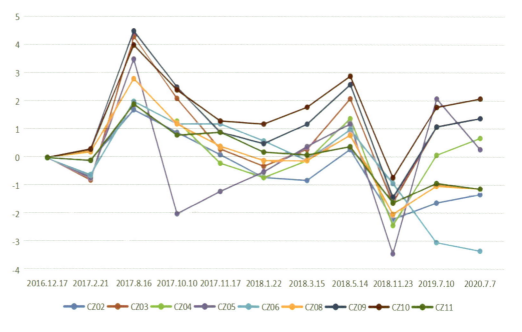

8-27 水平位移历次累计变化量折线图

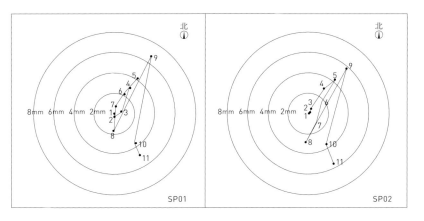

8-28　水平位移历次累计量图（SP01、SP02）

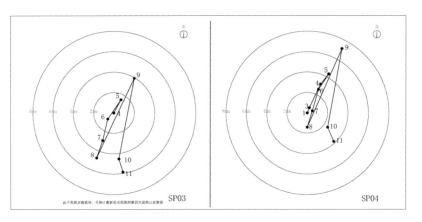

8-29　水平位移历次累计量图（SP03、SP04）

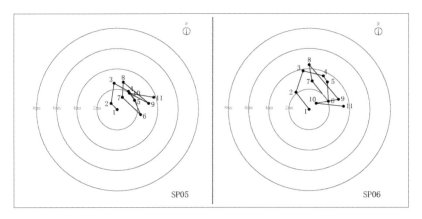

8-30　水平位移历次累计量图（SP05、SP06）

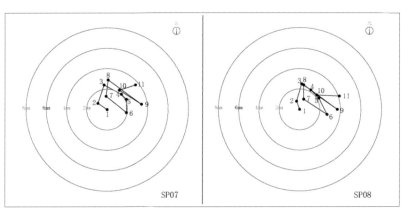

8-31　水平位移历次累计量图（SP07、SP08）

（二）在线监测数据分析

1. 位移传感器

根据安装在观测点 A 的位移监测数据曲线图分析可得，传感器数据变化量基本上处于 ±0.6mm 范围之内，局部位移变化情况异常，分析可能是由于传感器受到外界影响，如人为、水流、风速、温度等因素，导致位移变化局部异常，结合变形监测，位移变化量在安全范围之内。

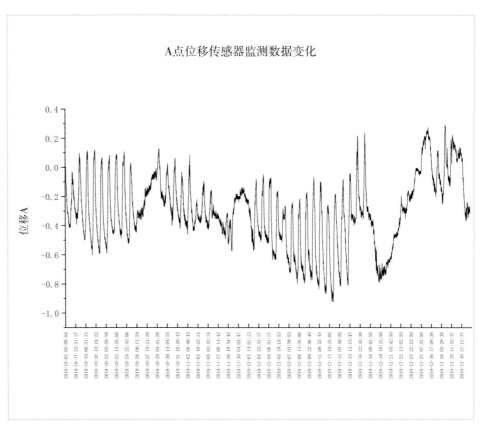

8-32　观测点 A 位移监测值汇总图（单位：mm）

2. 应变传感器

根据对安装在岩石表面的观测点 B 结构应变监测数据曲线图分析可得，应变传感器数据量变化大多处于 ±200με 的范围内，局部应变变化情况异常，分析可能是由于传感器受到外界影响，如人为、水流、风速、温度等因素。数据分析结果表明古月桥本体结构安全未受到影响。

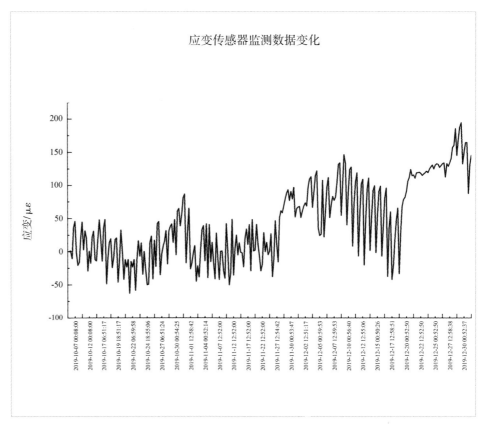

8-33　观测点 B 结构应变监测值汇总图（单位：με）

3. 环境监测

（1）温、湿度

古月桥在检测周期内现场环境下的温度总体在35℃以下，湿度总体在90%RH以下，其中11月、12月个别几天温度在0℃以下，且同时间段湿度较高，基本上在70%RH以上。该环境条件容易出现冻融现象，可能短时间内会对岩石造成影响，温湿度对古月桥有一定影响，但影响较小。

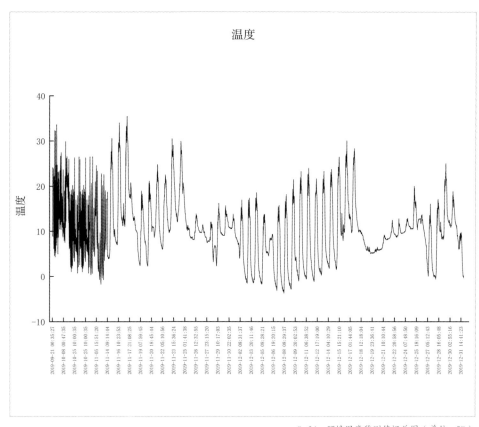

8-34　环境温度监测值汇总图（单位：℃）

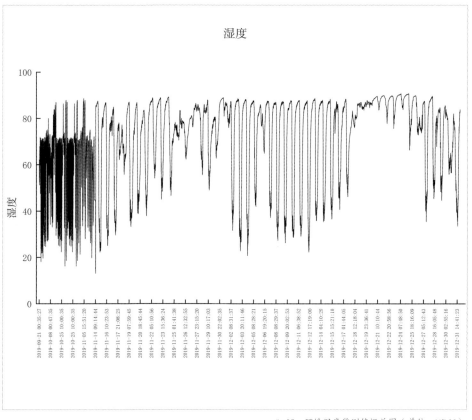

8-35　环境湿度监测值汇总图（单位：%RH）

（2）二氧化碳浓度

古月桥在监测周期内现场环境下的二氧化碳浓度10月份处于800ppm～800ppm之间，其他时间段基本处于300ppm～600ppm之间，符合一般室外环境350ppm～1000ppm的标准。二氧化碳对古月桥无明显影响。

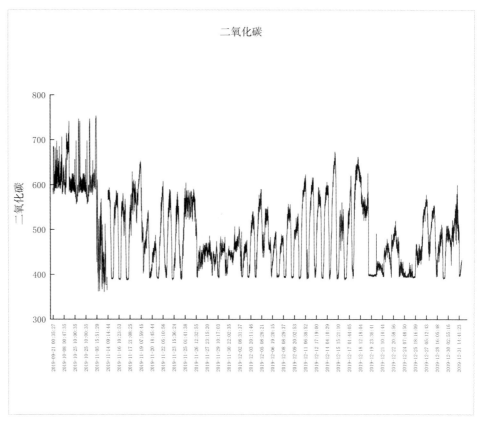

8-36　环境二氧化碳监测值汇总图（单位：ppm）

（3）光照强度

古月桥在监测周期内现场环境下白天的光照强度总体较大，大部分大于40000Lux，对岩石表面的太阳辐射较强。结合现场巡查和材料监测结果，监测周期内古月桥外观有所变化，光照对古月桥外观有一定影响。

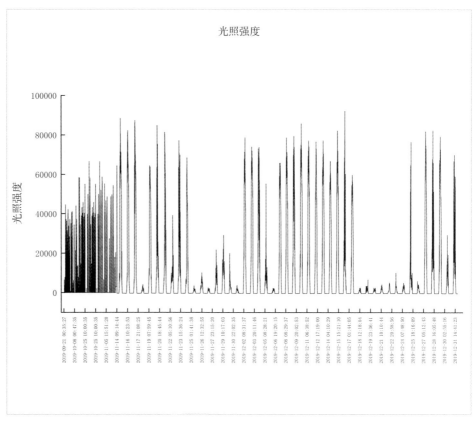

8-37　环境光照强度监测值汇总图（单位：Lux）

（4）风速

古月桥在监测周期内风速大部分小于 3m/s，小部分风速超过 3m/s，现场整体风速较稳定，大部分时间处于轻风状态，因此在监测周期内风力对古月桥稳定性无明显影响。

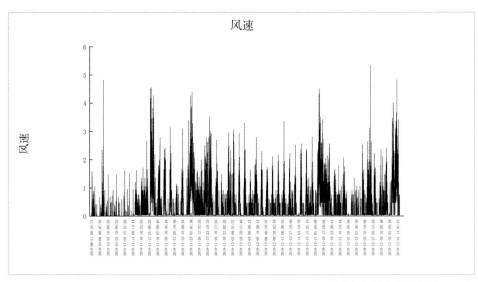

8-38　环境风速监测值汇总图（单位：m/s）

（三）保护材料施工效果监测

1. 色度检测

表8-23　色差检测记录表

测区	色差值					
	ΔL	a	b	c	h	ΔE
1FR	2.42	173.53	−76.67	187.8	337.67	/
1ER	24.58	40.26	12.97	42.33	17.91	/
1DR	33.88	18.88	24.14	30.74	51.88	/
1CR	16.97	65.46	−3.12	65.54	357.27	/
1BR	44.81	5.92	23.73	24.46	75.98	/
检测日期	2019年12月31日					
1FR	2.57	176.21	−86.79	196.42	333.78	10.47
1ER	23.10	41.68	12.32	68.77	87.77	3.57
1DR	23.02	24.71	23.09	43.54	56.75	12.37
1CR	17.87	64.32	−2.18	64.44	328.74	1.73
1BR	40.30	8.39	24.84	26.22	71.33	5.26
检测日期	2020年9月28日					

通过色差检测，发现材料颜色有明显变化。结合施工方对材料随色处理，肉眼观察材料与石构件之间颜色差异减小。与 2019 年 12 月初时色度检测数据检测对比后发现色差 ΔE 多数小于 6，说明材料感官效果较好，局部色差较大是由于外界环境导致表面病害引起外观差异变化。

2. 砂浆强度检测

表8-24　砂浆强度检测记录表

测区	1FR	1ER	1CR	1BR	1DR	1FR	1ER	1CR	1BR	1DR
抗压强度/MPa	>15.8	13.3	>15.8	13.2	14.7	>15.8	>15.8	>15.8	>15.8	>15.8
检测日期		2019年12月31日					2020年9月28日			

通过对石构件节点间修补材料的强度检测，发现节点间修补材料的强度均大于13MPa，材料达到施工效果与设计要求（设计抗压强度要求达到10MPa）。

3. 红外热像仪检测

通过红外热像仪对灌浆修补加固处及四周石材表面温度检测，发现水分没有长期停留在材料内部，材料内部透水性能良好。材料本身较为均匀致密，且温度十分均匀，并没有出现明显的断层情况，说明节点之间灌浆材料的黏结性能很好，没有出现松动脱开的现象。

六·监测小结

古月桥的监测工作主要分为两个阶段，第一阶段为施工期间的安全稳定性监测，监测期为两年；第二阶段为施工后的保护效果监测，监测期为三年。

在古月桥项目施工期间的第一阶段监测中，以工程测量为主要手段的结构稳定性监测结果显示，桥体在侧墙条石归安、桥面石板回填等施工干扰期间以及汛期的水流冲击等主要的外界因素干扰下，水平位移无明显变化，垂直位移有轻微变化，对照设计方案的评估结论，该变化未对本体产生安全影响。以传感器在线监测为主要手段的结构稳定性监测结果显示，在线监测数据有轻微的波动，但在未施工时间段传感器在线监测数据恢复正常，表明施工期间，古月桥主要受力石构件有受到外力的影响，但未对本体产生安全影响。现场安全巡查结果显示，桥底石构件节点材料修补表面未出现裂缝，侧墙以及桥面施工未对桥本体石构件产生较大的影响。保护材料施工效果现场检测结果显示，节点修补材料的施工效果较好，无空鼓、粘接脱落的质量问题，材料强度在监测期内大部分能达到设计要求，部分强度未达标材料节点还需在后期监测中继续重点跟踪，以确保抽测点强度100%达到要求。在古月桥项目施工完成后的第二阶段监测中，以工程测量为主要手段的结构稳定性监测结果显示桥体水平位移和垂直位移均无明显变化，桥体处于稳定状态。以传感器在线监测为主要手段的结构稳定性监测结果显示，在线监测数据无明显异常数据，桥体处于稳定状态。现场安全巡查结果显示桥底石构件节点材料修补表面未出现裂缝与风化脱落，但局部有小块石脱落、个别桥面板碎裂。因古月桥整体处于露天环境，桥体青苔生长，四周杂草较多。保护材料施工效果现场检测结果显示，节点修补材料的施工效果较好，无空鼓、粘接脱落的质量问题，部分在第一阶段未达标材料强度，均已能达到设计要求。微环境监测数据显示，古月桥的保存环境较好。

通过对古月桥长期的结构安全和环境监测，可以实时掌握稳定性的变化，及时发现问题，并通过对大量监测数据的统计分析，有效且科学地对其修缮效果进行评价，并为该桥持续保护提供数据支撑。

工程总结 玖

（一）工程初验

古月桥修缮工程从 2016 年 4 月 28 日开工，施工期间因汛期曾两次停工，于 2017 年 10 月竣工，施工单位提出竣工验收申请。施工过程中施工单位、监理单位、技术服务单位对每道工序完成后进行自检，并对地基与基础、主体、地面三项分部工程组织检查验收，达到合格。隐蔽工程包括碎石、黄土、三合土、改性水硬性石灰灌浆材料。其中碎石规格直径 30~50mm，黄土掺石灰配比为 7∶3，三合土厚度约 200mm，灌浆材料按技术单位要求的配合比。施工过程监测，对每个节点修复后的补强粘接材料的抗压、抗折强度进行检测与监测，180 天大多数指标达到设计方案的要求，完工一年后续跟踪监测显示完全达标。同时，安装在桥体上的传感仪对水平和垂直位移监测数据均在安全值范围内（详见"监测"一章），说明桥体修缮后处于稳定状态。工程竣工资料经监理单位检查基本达到规范要求。2017 年 11 月 17 日，由义乌市文化广电新闻出版局组织建设、施工、设计、监理、技术服务各方对工程进行竣工初验。

初验工作分现场验收和资料检查验收两部分，现场验收环节主要检查工程质量和修缮后的观感效果，认为施工单位对施工方案的把握基本准确，大体能按照设计方案进行施工。通过施工，桥梁结构安全隐患已基本消除，施工范围和内容均按合同约定的内容履行完毕。施工过程中对桥梁结构只做结构补强，尽量少干预。通过扫描二维码检查节点修复施工过程，了解每个节点的水硬性石灰砂浆修复情况，技术服务单位通过对修复节点的砂浆贯入度检测和强度检测，对工程质量进行有效控制。

针对施工观感效果和隐蔽工程，主要提出以下整改意见：

桥面铺装做法采用条石和卵石铺墁，不符合设计方案的材料工艺要求，应重新按原状维修；

桥体西南侧的金刚墙（侧墙）存在局部缺失，应在确保安全的前提下进行适当整理，填实墙体内部的空缺部分；

桥两侧的金刚墙缝隙未勾缝，存在雨水渗漏问题，应采用"牺牲性"材料水硬性石灰砂浆勾缝严实。

初验完成后，施工单位按整改意见逐项落实整改，2017 年 11 月 28 日，除桥面外，其他整改事项按要求完成。桥面的铺装因考虑新开采的条石和老石板之间存在较大的色差，会影响观感效果，经工程洽商后，决定尽量采购当地的老石板，至 2018 年 10 月实施完成。义乌市文化广电新闻出版局报请省文物局组织竣工验收。

（二）竣工验收

2019 年 1 月 27 日，浙江省文物局组织专家组对古月桥修缮工程进行竣工验收。专家组经过工程现场检查、竣工资料检查，及对各方的质询答疑，对古月桥施工质量进行验收评定。验收过程中，专家组个别成员对桥面做法提出质疑，认为桥面两侧落坡有可能设三级台阶。

为弄清古月桥桥面的历史原状，浙江省文物局要求业主单位查阅并提供相关的历史照片。2019年4月3日，浙江省文物局召集工程相关各方召开古月桥保护工作会议，省文物考古研究所、义乌市文化广电新闻出版局、义乌市文物保护管理办公室、古月桥保护工程施工和监理单位、杭州聚代文化遗产保护科技有限公司相关负责人参加了会议。会议主要针对桥面的历史原状进行专家咨询和答疑，并对古月桥修缮后的监测实施方案进行评审。

9-01　古月桥（东南—西北，1985年）

9-02　桥身纪年题刻（2001年）

9-03　修缮前的北侧桥面（北—南，2004年）

9-04　修缮前的南侧桥面（南—北，2004年）

9-05　修缮前的古月桥（2004年）

9-06　修缮前的古月桥（2014年）

北京国文琰文化遗产保护中心设计有限公司未能现场出席会议，做了书面说明。兹录于下：

古月桥桥面残损严重，勘察前长满杂草，2014 年 8 月，为了勘察清楚，以及扫描清晰，特将桥面青草去除。清除杂草后可以看到，北面桥面石板保留较完整，桥面平整，能看到清晰的桥面曲线，无任何台阶痕迹。南侧桥面石板缺失较多，三条横向石条和一条纵向石梁保留，之间填充的石板缺失。有可能从观感上造成桥面有三个台阶的错觉。但是从逻辑上判断，桥面南北两侧不可能采用一侧平滑弧线，另一侧有三个台阶的做法。设计方曾询问当地文物管理者和地方百姓，回答并未有历史上桥面有台阶的说法。当地村民说，该桥为村子的主要通道所在，桥上曾经一直走车，历史上桥面并无台阶。

根据设计方对古月桥现场勘察、摄影以及照片拍摄，未发现桥面有明显的台阶做法。故勘察设计方根据保留桥面石板较为完整的北侧桥面做法进行了方案设计。

本方案在 2015 年初，由国家文物局多位专家评审，后得到省文物局审批通过，省文物局批准文件抄送给浙江省文物考古研究所等相关单位，并未有专家在桥面做法上对方案有任何异议。

经过对历史照片和 2003 年设计施工图进行比对核查。历史照片无明显台阶做法，2003 年设计施工图桥面做法与本次勘察设计图纸一致，桥面呈平滑曲线无三个台阶做法。

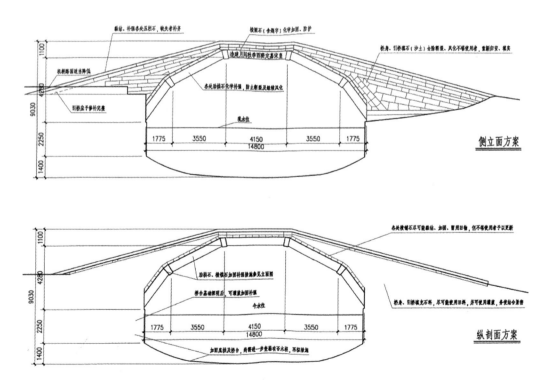

9-07　2003 年设计施工图

　　会上有专家提出古月桥南北两侧桥面似存在不同做法，北侧桥面呈平滑曲线，南侧落坡阶条石似存在三级小平台做法，有可能是后期修缮过程中改变原有做法造成的。因无法找到确凿的推定依据，省文物局同意保留现有桥面做法，最终出具验收意见如下：

　　该修缮工程审批程序规范，工程内容符合设计文件要求，各分项工程和隐蔽工程施工经质量检查合格，竣工资料、监理资料符合要求。修缮工程基本解决了桥体存在的安全隐患，整体观感优良。本项目从设计到施工过程中，运用了新技术与传统工艺结合的方式，并在工程施工过程中进行桥体监测，确保文物本体的安全，具有较好的示范作用。

　　建议对施工后的现场进行进一步清理，将桥体压阑石外侧堆积土体进行清理，将桥体侧面露出。同时对引桥与道路接驳处地面进行处理，以沙石铺面，并进行有组织排水。本工程按照文物保护工程，符合相关规定，验收合格。

9-08 专家组竣工验收现场（2019年1月27日）

9-09 验收会议现场（2019年1月27日）

9-10　修缮前状况（东北—西南，2015 年）

9-11　修缮后状况（东北—西南，2019 年）

9-12　修缮前南侧桥面状况（西南—东北，2014 年）

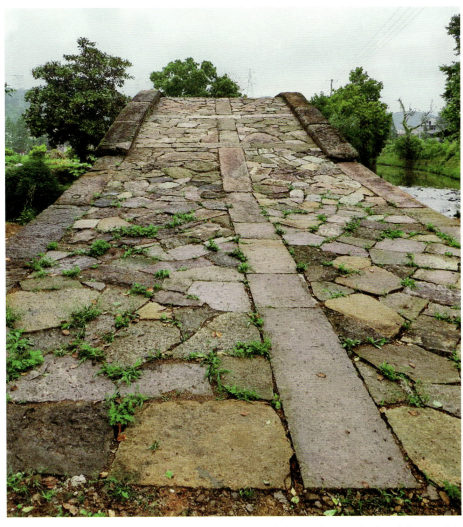

9-13　修缮后南侧桥面状况（西南—东北，2019 年）

9-14 修缮前底部桥梁状况（东北—西南，2014 年）　　9-15 修缮后底部桥梁状况（东北—西南，2019 年）

（三）工程投资控制

古月桥修缮工程概算总投资 373 万元，经费由国家文物局补助。其中土建工程预算 199.3 万元，经公开招投标，工程中标价约为 185 万元。勘察研究费 36 万元，方案设计费为 36 万元，材料优化试验和技术服务费 31 万元，施工过程实时监测费 33 万元，工程监理费 10 万元，招投标代理和预算编制费 2.283 万元，实际工程投资控制在 330 万元以内。

在经费使用过程中，严格按工程施工合同和财务管理制度执行，对工程量计量、工程进度款支付、工程洽商变更等内容进行控制，严格把好费用签证关。整个施工过程中，未出现工程量追加的情况，资金使用效益良好。

二·『预防性保护』概念辨析及技术路线分析

"预防性保护"一词来自英文"Preventive Conservation"的直译，概念最早提出是在 1930 年于罗马召开的"第一届艺术品保护科学方法研究国际会议"上。国际文化遗产保护界对"预防性保护"已经研究多年，并逐渐发展成为一门独立的学科。该学科领域研究涵盖了遗产保护、遗产防灾、遗产监测、馆藏文物环境控制等方向。2000 年以后，随着中外文化遗产保护交流的日益密切，预防性保护的概念传入了我国[1]。

最近两年内印发的一系列重要文件中，已将"预防性保护"纳入了中国文化遗产保护事业的工作体系，将这个名词从概念带到了实践的最前沿。2017 年"国家文物事业发展'十三五'规划"明确提出，要从以往单纯注重"抢救性"保护，向"抢救性"与"预防性"并重的保护方式转变，在馆藏文物保护、革命文物保护、文物保护装备上都提到了"预防性保护"的理念，并明确要求"推动文物预防性保护常态化、标准化，出台日常养护、岁修、巡查和监测工作规范"。2018 年，中共中央办公厅、国务院办公厅先后印发了《关于实施革命文物保护利用工程（2018~2022 年）的意见》和《关于加强文物保护利用改革的若干意见》两个文件，都提出了"预防性保护"的概念，前者要求"统筹推进抢救性与预防性保护"，后者提出"支持文物保护由抢救性保护向抢救性与预防性保护并重、由注重文物本体保护向文物本体与周边环境整体保护并重转变"。2019 年，财政部、国家文物局印发的《国家文物保护专项资金管理办法》中，将"预防性保护"作为文物保护资金的一个专项支出内容。目前国家文物局正在修编《文物保护工程管理办法》，将会提倡把"预防性保护"理念贯彻到文物保护工作中。

古建筑修缮老工匠口中有一句口头禅："小洞不补，大洞受苦。"说的就是如果不注重日常保养工作，在文物建筑出现小的病害时，不予以维护，就可能会发展成为大的破坏。可以说，重视文物的管理，加强日常保养，是保护文物最重要和最有效的一项手段。加强日常保养正是预防性保护的一项重要措施，但预防性保护的概念更广泛，不仅限于日常保养。

2015 年版《中国文物古迹保护准则》提出了"预防性保护"概念[2]。"预防性保护"目的是为减少保护工程对文物古迹的干预，并给出"预防性保护"的定义：预防性保护是指通过防护和加固的技术措施和相应的管理措施减少灾害发生的可能、灾害对文物古迹造成损害，以及灾后需要采取的修复措施的强度。"预防性保护"与"抢救性保护"概念上的差别在于措施处理在病害发生的事前或者事后。文物保护过去强调的"抢救性保护"指的是文物已经受到了危害影响，产生了明显而严重的破坏后，再采用相应的技术措施，对文物进行抢救。"预防性保护"强调的是分析文物可能受到的危害影响，在破坏发生前或者破坏发生的开始阶段，采用相应的技术措施，让文物避免破坏或者减缓破坏。通俗的来说，"抢救性保护"更像等到病人病危，再进行伤筋动骨的手术治疗。"预防性保护"更像加强日常的体检，在疾病初期通过保健的方式治疗，让人益寿延年。

从预防性保护的目标与定义上来看，预防性保护有三个要点内容：一是要满足最低限度干预原则；二是要通过技术措施和管理措施共同实施；三是要减少或避免文物古迹遭受的威胁与灾害。

1　吴美萍《中国建筑遗憾的预防性保护研究》，东方大学出版社，2014 年。

2　《中国文物古迹保护准则》2015 版第 12 条："最低限度干预：应当把干预限制在保证文物古迹安全的程度上。为减少对文物古迹的干预，应对文物古迹采取预防性保护。"

"预防性保护"概念的提出,并非要代替或取消"抢救性保护"或者其他保护方式。"预防性保护"更强调改变以往"头疼医头,脚疼医脚"的临时性措施。"预防性保护"的概念应该贯穿于整个文物保护工作之中,从保护管理、日常保养到保护工程的管理都须贯彻"预防性"的理念。本书通过古月桥修缮工程的实践案例,重点讨论文物已经产生了危害,如何在保护工程中贯彻"预防性保护"的理念。

进入 21 世纪以来,其他学科的成熟技术被更多地引入文物保护行业,为文物保护提供了强有力的支持,也为预防性保护理念的实现提供了技术支撑。其中比较重要的有数字化技术、精细勘察技术、材料技术、监测技术、大数据技术等。

第一,数字化技术,是指采用遥感、摄影、扫描等测绘设备,将文物尺寸、色彩、纹理等信息按照所需的精度要求采集并储存在电脑设备中。近年来无人机、三维激光扫描仪、倾斜摄影测量等技术的广泛使用,极大地提高了数字化测量的效率与精度。数字化成果可以通过多种途径将文物可视信息呈现出来,数字化成果可以用于高精度测量、残损定量分析、虚拟保护设计研究,成果可以有效地向公众展示。

第二,精细勘察技术,是指使用人工或者仪器设备现场勘察、无损检测、采样分析和实验室分析。近年来,碳十四同位素测年、多光谱摄影、超声波检测、X 光拍摄和多种显微分析、材质分析等技术和设备发展迅猛,可以协助研究者更全面地了解可视或者不可视的文物表面和内部组成等多种信息,了解文物的残损现状,从而更客观准确地找寻病害诱因,分析病害产生的机理,有针对性地提出科学预防和保护的措施方法 。

第三,材料技术,在文物保护中主要是指材料研发和材料使用的实验分析。随着勘察技术进步对文物自身性质的了解,加上材料技术的广泛应用,分子材料、纳米材料的研发,文物保护工作者可以使用的工具越来越多,并且可以通过实验室试验和现场试验,验证材料的效果,根据实验检验挑选出最适用的保护材料。

第四,监测技术。随着文物保护概念向文化遗产保护概念的发展,世界遗产的保护理念与要求也越来越影响到整个文物保护的领域,其中重要的一项就是遗产监测。近年来,随着监测工作的开展,文化遗产地从一开始大而全的监测,越来越向解决文物保护管理专项问题的针对性监测转变。通过环境参数变化与文物残损变化的对比,更深入地认识文物病害发生的机理,以便更有针对性地制定有效的保护措施。

第五,网络和大数据技术。随着计算机和网络技术的发展,以上成果可以利用电脑数据库技术,建设数字化信息平台,将数字化、勘察、材料、监测等所有成果的海量数据汇入数字化信息平台。协助文物保护工作者分析和研究保护措施,并且可以进行远程工作,极大地提升工作效率。数字化信息平台能够清晰地记录下文物的原始状态和保护过程,为文物保护工程实施前后数据对比提供参考依据,系统化地了解工程对文物的干预程度。

在"预防性保护"理念的指引下,在数字化技术、精细勘察技术、材料技术、监测技术、大数据技术的支撑下,古月桥修缮工程是一项具有"预防性保护"理念的保护工程项目,为我国桥梁类建筑的预防性保护修缮提供了一个探索性的实践案例。

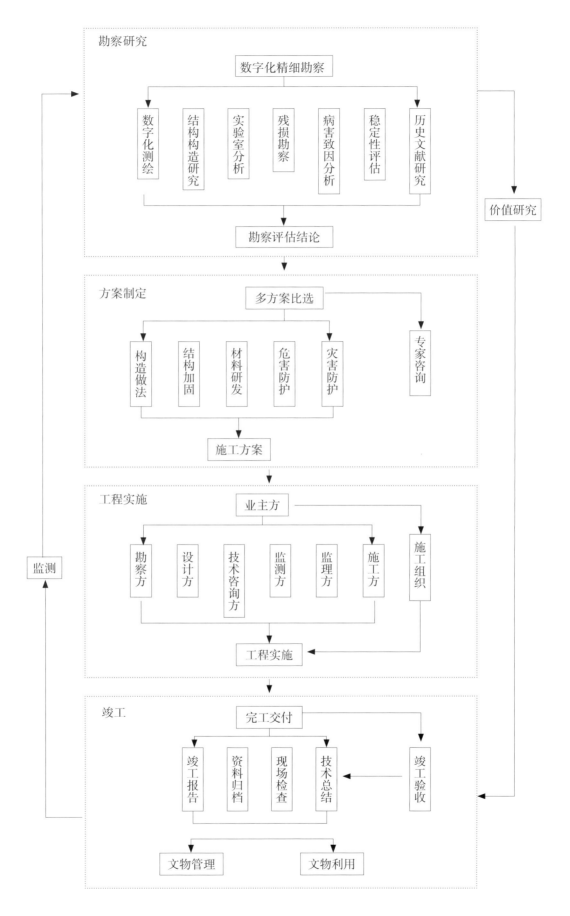

9-16　预防性保护程序图

回顾我国古代桥梁，尤其是石拱桥的保护历程，可以清晰地反映出我国文物保护理念发展的不同阶段。

第一阶段，20世纪上半叶，我国文物保护事业伴随建筑史学学科建立而产生。这一时期最重要的工作就是文物调查与研究。该时期中国营造学社率先将中国古代桥梁作为中国古建筑的一类重要组成类型，开展调查研究。随后的国内外学者，如李约瑟、茅以升等都对我国古代桥梁的价值给予了极高的评价。该时期的建筑史、考古、文物保护学者对我国各类型的文物年代、特征、类型、价值进行深入研究与全面认知。

第二阶段，20世纪50～70年代。随着中华人民共和国建立，我国文物保护事业开始全面展开。文物保护管理工作都取得了很大的成绩，但限于当时社会经济条件，文物保护工作常常需要从有利于生产建设的角度出发。该原则被总结为"两重两利"原则。赵州桥和卢沟桥等古代石拱桥的修缮是该时期的典型代表。该时期的桥梁保护修缮实践过于强调桥梁的交通功能，对结构体系的改变和新材料的使用未充分考虑"不改变文物原状"原则，修缮对部分桥梁的价值和真实性产生了负面影响。除了桥梁的保护实践，该时期在石窟寺保护、古建筑保护、遗址保护等实践中都存在类似的问题。

第三阶段，20世纪八九十年代。随着改革开放，社会经济发展，以及国际文物保护理念的传入。文物保护更加注重价值的保护和真实性的问题，保护原则被总结为"不改变文物原状"原则。该时期的桥梁保护修缮实践开始注重保护桥梁的原结构、原材料，并对以往不当的维修进行了原状恢复。其中卢沟桥的修缮复原就是最典型的案例。该时期各类型的文物保护工程都更加注重对文物价值的保护。

第四阶段，21世纪以来，随着文物的概念扩展为文化遗产的概念，我国对桥梁类文物的价值认知进一步扩展。很多桥梁类文物的保护实践体现了基于价值为核心，通过高新科学技术与传统工艺相结合的手段，将桥梁文物的价值载体真实地保护存续下去。以古月桥保护修缮工程为代表的保护实践，正是从以往"抢救性"保护向"预防性"保护的理念发展。

古月桥保护工程的"预防性"，体现在以下几点。

第一，通过高科技勘察手段与结构计算，科学评价古月桥的稳定性，从保护策略上将保护工程对文物本体的影响"最小干预。

第二，搭建预防性保护钢梁，预防施工过程中的桥体结构失稳。

第三，采用针对性研发的"牺牲性"材料作为构件间的垫层，增强了原结构的整体性，保护了所有的原有结构构件，并且该材料的强度略小于风化构件的表面强度，一旦风化继续发生，会首先集中于受力集中并且强度较小的"牺牲性"材料，从而对文物本体起到了预防保护的作用。

第四，通过传统工艺，修复桥面板与三合土垫层，防止雨水下渗，减弱风化与生物病害的影响。

第五，古月桥保护工程实施了全过程监测，对施工过程中桥体结构变形进行控制，对保护材料的实施效果进行鉴定，预防施工过程中对文物产生的破坏。

第六，通过管理要求，对洪水进行治理，对修缮后桥梁的使用进行规范，预防未来自然与人为破坏对古月桥的影响。

义乌古月桥保护修缮整个工程从勘察设计到竣工验收历时五年，以业主单位为核心组建了一支强有力的项目管理和技术团队，重视前期勘察研究工作，专门委托团队进行勘察分析研究，并在施工过程中引入了监测和技术服务团队。

以价值评估为判断依据，重视拱桥原有的结构构造体系的真实性，系统分析了古月桥现有结构体系的稳定性，以及面临的危害情况，设计方案提出了研究性、预防性的系统解决方案。

工程采用最小干预原则，整个工程过程未进行结构构件落架，完整保留了原有桥梁力学体系，没有更换任何结构性构件，并通过监测，科学地控制整个工程的实施进程与质量。

古月桥保护修缮工程实践，为我国文化遗产保护行业提出了一套"预防性保护"的系统解决方案。"预防性保护"需要从项目管理、项目团队组织和项目实施全过程建立科学有效的保护程序。面对文物，首先全面地记录文物的保持现状，认识文物价值，通过精细化勘察和监测数据的科学系统分析，找到对文化遗产最根本的威胁因素，在尊重和了解传统工艺的基础上加以结构计算、材料研究，综合考虑各方利害最终制定保护方案。工程实施需要满足"最小干预"原则、"可逆性"原则、"可再处理性"原则，保护工程实施过程要进行监测与评估，根据监测数据和评估结果修正工程的实施。

古月桥修缮工程从设计到施工，体现了高新测绘技术、材料技术、监测技术与传统工艺的完美结合，是我国文化遗产保护工作，从抢救性保护向预防性保护发展的一项重要成功实践。

古月桥保护修缮工程竣工后，获得了国内外文化遗产行业的广泛关注，荣获了"2019年度全国优秀古迹遗址保护项目特别推荐项目奖"；2019年度联合国教科文组织文化遗产优异项目奖（UNESCO Asia-Pacific Awards for Cultural Heritage Conservation-Award of Merit）；2020年度，中国建筑学会科技进步奖三等奖。

古月桥保护修缮工程在工程实践的探索过程中，尤其是在工程竣工之后进行了系统的梳理与总结，并将成果通过论文、讲座等方式在网络、期刊、会议、展览等媒介向文化遗产保护界及公众发布，积极分享与传播项目所取得的经验。

在对古月桥保护修缮项目实践的讨论、反思过程中，逐渐推动了我国文化遗产保护理念由"抢救性保护"向"预防性保护"的发展。

9-17 保护修缮工程竣工后状况（2019 年 1 月）

附录

2014年6月6日	国家文物局批准古月桥修缮工程项目立项（文物保函〔2014〕1693号）。
2014年8月18日	财政部下达古月桥修缮工程前期专项补助资金40万元（财教〔2014〕2016号）。
2014年8月20日	义乌市文物保护管理办公室与清华大学建筑设计研究院、北京国文琰文化遗产保护中心签订古月桥勘察研究和方案设计合同。
2014年8月20日	北京国文琰文化遗产保护中心、清华大学建筑设计研究院等单位到义乌对古月桥进行现场测绘勘察研究。
2014年8月21日	北京国文琰文化遗产保护中心与清华大学建筑设计研究院采用三维激光扫描仪对古月桥进行测绘。
2014年8月23日	北京大学考古文博学院对古月桥进行现场取样。
2014年8月25日	北京国文琰文化遗产保护中心对古月桥进行现场荷载试验。
2015年1月22日	古月桥勘察报告及修缮方案初稿完成，北京国文琰文化遗产保护中心与清华大学建筑设计研究院向义乌市文物保护管理办公室进行方案汇报。
2015年2月12日	北京国文琰文化遗产保护中心向黄克忠、张之平、张克贵、杨新、田林等国内知名文物保护专家咨询古月桥保护修缮方案意见。
2015年3月31日	浙江省文物局对古月桥修缮工程设计方案进行审查批复（浙文物许〔2015〕23号）。
2015年4月1日	北京国文琰文化遗产保护中心开展古月桥修缮工程设计方案的修改和施工图深化。
2015年5月5日	北京国文琰文化遗产保护中心与清华大学国家遗产中心开展水硬性石灰专利材料的研发。
2015年7月27日	浙江省财政厅、浙江省文物局下达古月桥修缮工程国家重点文物保护专项补助资金321万元（浙财教〔2015〕112号）。
2015年10月1日	北京国文琰文化遗产保护中心与清华大学国家遗产中心向中华人民共和国国家知识产权局提出"一种改性水硬性石灰基材料及其制备方法"的专利申请。
2015年11月4日	浙江省文物局对古月桥修缮工程设计方案（修改稿）和施工图进行审查批复（浙文物许〔2015〕368号）。
2016年1月20日	古月桥修缮工程项目经过邀请招投标，由浙江义乌宏宇古建园林工程有限公司中标，中标价为185.0508元。
2016年3月15日	由义乌市文物保护管理办公室和浙江义乌宏宇古建园林工程有限公司签订古月桥修缮工程施工合同并备案（合同编号为SGHT 20160122）。
2016年3月16日	由建设方召集设计、施工、监理、技术服务各方，在义乌市文化广电新闻出版局召开古月桥修缮工程施工图纸会审和设计交底会议，项目各方代表和技术主要负责人参加会议。
2016年4月7日	由义乌市文化广电新闻出版局召集施工、监理、建设、技术服务、监测等各方的相关负责人，针对施工过程中的预防性钢结构支撑架和脚手架搭设、材料准备及施工过程应注意的事项进行探讨，进行工作对接。

2016年4月24日	施工单位完成古月桥修缮工程施工组织设计方案，报监理单位总监理工程师章松阳批准。
2016年4月28日	施工单位浙江义乌宏宇古建园林工程有限公司向监理单位浙江省古典建筑工程监理有限公司提出工程开工报审，监理单位批准同意开工，下达开工令。
2016年5月19日	因汛期无法进行正常施工，监理单位批准古月桥修缮工程暂停施工，下达工程停工令。
2017年6月11日	施工单位编制完成《古月桥防汛抢险应急救援预案》，报监理单位审核批准。
2016年9月3日	经汛期停工后，古月桥修缮工程经监理单位批准复工。
2016年9月22日	因"牺牲性"材料未经现场论证试验，石材材质取样等原因，工程暂停施工，由监理单位下达工程停工令。
2016年10月31日	监理单位召集项目各方在现场召开监理例会，施工、监理、技术服务和建设单位项目负责人和主要技术负责人参加会议，主要就古月桥施工准备、施工技术、施工难题解决方案和注意事项等进行洽商和工作对接。
2016年12月3日	由施工单位召集各相关单位在现场召开古月桥修缮工程施工技术交底会，施工、技术服务、监测、监理各方参加会议。
2016年12月13日	由监理单位召集建设、施工、技术服务、监测等各方在现场召开监理工作例会，主要针对古月桥石构件"牺牲性"材料灌浆修复施工过程中存在的问题以及下步桥面施工做法进行洽商。
2016年12月15日	经检查"牺牲性"材料水硬性石灰配比论证及石材问题已解决，监理单位下达复工令。
2017年3月8日	因汛期无法正常施工，经施工单位报审，监理单位批准工程暂停施工，下达工程停工令。
2017年3月10日	由建设单位召集施工、监理、技术服务、监测等各方项目负责人就古月桥桥面板拆卸和后续桥面施工进行工作对接和施工阶段性总结会议，会议邀请浙江省科技学院结构方面的专家针对桥面卸荷受力计算分析进行计算结果汇报分析，就施工中应注意的预防性保护措施提出建议。
2017年6月13日	由监理单位召集设计、施工、技术服务和监测各方召开古月桥修缮工程洽商会，针对古月桥断裂石梁加固和桥面施工方案进行现场洽商，由设计单位出具设计变更联系单。
2017年7月21日	"一种改性水硬性石灰基材料及其制备方法"获得国家发明专利（专利号：ZL 2015 1 0667091.9号）。
2017年8月13日	因汛期过后具备复工条件，监理单位批准复工，开始进行桥身、桥面的修复加固。
2017年8月17日	监理单位审核批准施工单位提交的断梁修复阶段性验收报告，由监理单位和施工单位、技术服务单位对断梁修复情况进行分项工程施工质量验收，同意进行下步桥面施工。
2017年10月6日	完成古月桥修缮工程施工，施工单位向监理单位提交竣工验收报告。
2017年11月17日	义乌市文化广电新闻出版局组织施工、设计、监理、技术服务和监测单位对古月

桥修缮工程进行竣工初验，对施工中存在的问题提出整改意见。

2017年11月28日 施工单位按照竣工初验意见完成整改工作，并报监理单位到现场进行查验。

2019年1月25日 义乌市文物保护管理办公室向中国文物古迹协会提交全国优秀古迹遗址保护项目（2018年）申报推荐材料。

2019年1月27日 浙江省文物局组织专家对古月桥修缮工程进行竣工验收，验收质量合格。

2019年3月17日 中国古迹遗址协会致浙江省文物局《关于开展（2018年度）全国优秀古迹遗址保护项目评选推介活动参评项目现场复核考察的函》，专家组对古月桥修缮工程进行现场复核。

2019年4月18日 古月桥修缮工程被推荐作为2018年度全国优秀古迹遗址保护项目特别推荐项目，在表彰会议上由北京国文琰文化遗产保护有限公司对项目情况进行介绍。

2019年10月14日 联合国教科文组织亚太地区文化遗产保护奖结果揭晓，古月桥修缮工程荣获优异项目奖。在马来西亚槟城举办的颁奖大会上，北京国文琰文化遗产保护中心有限公司副总工程师张荣代表项目各方参加颁奖仪式。

2021年2月22日 基于古月桥保护修缮工程的技术总结——"一种砖石文物建筑勘察修缮技术"，荣获中国建筑学会科技进步奖三等奖。

二·获奖情况及学术成果

（一）项目获奖

1. 全国优秀古迹遗址保护项目特别推荐奖

2019 年 4 月 18 日，在清华大学举办的国际古迹遗址日活动上，国家文物局副局长、中国古迹遗址保护协会（ICOMOS China）理事长宋新潮公布了 2019 年度全国优秀古迹遗址保护项目。古月桥保护修缮工程和泰顺廊桥灾后修复工程项目荣获"全国优秀古迹遗址保护项目特别推荐奖"。其他获奖的项目还包括山西灵丘觉山寺塔修缮项目、福建东山关帝庙维修项目、贵州海龙屯海潮寺修缮项目、上海武康路 100 弄 1 号至 4 号文物建筑修缮项目、南京长江大桥公路桥维修文物保护项目。

中国文物保护研究所（现中国文化遗产研究院）原副所长、我国著名的岩土保护专家黄克忠先生为古月桥修缮工程写下评奖推荐信：

"这是我国石桥类文物保护修复可借鉴、有指导意义的成功案例。其创新之处是经过精心勘察，在进行结构安全性评估后，对原有桥梁结构不扰动，使用新型的牺牲性材料进行补强的方法。它符合可逆性、少干预等文物保护原则。经过监测和时间的考验，顺利通过验收，获得各界好评。值得推荐报奖！"

附录-01　黄克忠先生推荐信　　附录-02　全国优秀古迹遗址保护项目特别推荐奖证书

2. 联合国教科文组织亚太文化遗产保护优异项目奖

2019 年 10 月 14 日，在马来西亚槟城举行的"联合国亚太地区遗产 20/20"大会。本次大会的主题是"回顾联合国教科文组织文化遗产奖 20 周年，并为未来 20 年树立可持续的美好愿景"（Reflecting on 20 years of the UNESCO Heritage Awards, Setting a Vision for Sustainable Placemaking for the next 20 years）。大会举行了专家论坛和青年保护学者论坛，来自全球的文化遗产领域的专家学者共同回顾联合国教科文组织文化遗产奖创办 20 年以来的优秀案例，并畅想未来文化遗产保护领域的未来发展。本次大会最重要的环节是颁发 2019 年度联合国教科文组织文化遗产奖的获奖奖项。古月桥保护修缮工程荣获：联合国教科文组织亚太文化遗产保护优异项目奖（UNESCO Asia-Pacific Awards for Cultural Heritage Conservation-Award of Merit）。北京国文琰文化遗产保护中心副总工程师张荣代表项目组领取奖状。

"The meticulous restoration of the 800-year oldGuyue Bridge embodies the successful combination of high technology with a respect for traditional construction. State-of-the-art surveying, engineering and materials science were deployed to understand and strengthen the ancient structure, one of the oldest documented folding stone arch bridges in China. A new composite material was invented and applied to slow down the bridge's future deterioration. Local artisans using handmade construction techniques ensured continuity in vernacular building practice. The project has returned a local landmark, which had fallen into disrepair and was impassable for the past two decades, back to the community, thereby contributing to the recovery of an important traditional rural landscape."

"古月桥的保护修缮体现了应用高科技与尊重传统建筑的成功结合。古月桥是中国有明确题记年代最早的折边石拱桥，项目使用了最先进的勘察、修缮和材料技术，以了解和加固这座拥有 800 年历史的古老建筑结构。项目团队发明了一种新的复合材料，将其应用于减缓桥梁未来的老化；当地工匠使用传统手工建造技术，确保了当地建筑实践的连续性。过去 20 多年间，古月桥由于年久失修无法通行，保护修缮项目让这一当地地标性建筑重返社区，同时也有助于恢复这里重要的传统乡村景观。"

3. 中国建筑学会科技进步三等奖

2021 年 2 月 22 日，中国建筑学会科技进步奖评审会在北京举行，经中国建筑学会科技进步奖评审委员会评审共产生获奖项目 69 项，其中特等奖 1 项、一等奖 11 项、二等奖 23 项、三等奖 34 项。基于古月桥保护修缮工程的技术总结——"一种砖石文物建筑勘察修缮技术"，荣获三等奖。

UNESCO Asia-Pacific Awards for Cultural Heritage Conservation 2019

Award of Merit

Guyue Bridge
Chi'an Town, Zhejiang, China

The meticulous restoration of the 800-year old Guyue Bridge embodies the successful combination of high technology with a respect for traditional construction. State-of-the-art surveying, engineering and materials science were deployed to understand and strengthen the ancient structure, one of the oldest documented folding stone arch bridges in China. A new composite material was invented and applied to slow down the bridge's future deterioration. Local artisans using handmade construction techniques ensured continuity in vernacular building practice. The project has returned a local landmark, which had fallen into disrepair and was impassable for the past two decades, back to the community, thereby contributing to the recovery of an important traditional rural landscape.

Owner:
Village Branch Secretary Zhu-Zhirong

Organizations/Individuals Responsible for the Project:
Huang-Meiyan

Architect / Designer / Consultant:
Cultural Heritage Conservation Center of Beijing Guowenyan Co.,LTD; Architectural Design & Research Institute of Tsinghua University Co.,LTD.; Lyu-Zhou; Zhang-Rong; Wang-Qi; Lyu-Ning; Wang-Shuai; Li-Yumin; Cai-Xiaomeng; Bai-Weiliang; Chen-Zhuyin; Lei-Xian; Xiang-Jinfei; Cui-Guanghai; Huang-Kezhong; Zhang-Zhiping; Zhou-Shuanglin; Ye-Liang

General Contractor:
Ji-Guanjun; Hongyu Ancient Building Garden Project Co., Ltd.

附录-03　联合国教科文组织文化遗产优异项目奖奖状
（UNESCO Asia-Pacific Awards for Cultural Heritage Conservation-Award of Merit）

附录-04　联合国教科文组织文化遗产优异项目奖颁奖现场

（二）学术成果

1. 论文

（1） Lyuning, Wangqi, Wangshuai, Zhangrong.The Application of 3D Laser Scanning in the Survey and Measuring of Guyue Bridge of Song Dynasty in Yiwu City[J]. Taiwan: CIPA Conference. 2015.

（2） 叶良、李强强、赵鑫《宋代古月桥三合土填充层》，《科技通报》2018年第2期，98～107页。

（3） 吕宁《多种科技方法在古月桥勘察修缮设计中的应用，文物保护与考古科学》2019年第3期，78～92页。

（4） 张荣、王麒、吕宁、王帅、李玉敏、黄美燕《雨霁虹桥晚，花落凤台春——记浙江义乌古月桥的预防性保护》，《中国文物报》2019年8月30日。

（5） 张荣、王麒、吕宁、王帅、李玉敏、黄美燕《从抢救性保护到预防性保护——古月桥保护修缮工程实践分析》，《中国文化遗产》2019年第6期，59～67页。

（6） 李强强、叶良、王甜《水硬性石灰在宋代古月桥修复中的优化试验研究》，《建筑施工》2019年41卷12期，2178～2182页。

2. 宣传

（1） 2015年4月13日，吕宁、王麒等《重点项目——古月桥勘察修缮设计工程》，清源文化遗产微信公众号。

（2） 2016年7月4日，王麒、白伟亮《重点项目——基于古月桥修缮的"牺牲性"材料研究》，清源文化遗产微信公众号。

（3） 2019年4月18日，张荣《古月桥预防性保护工程实践探索——CHCC团队实践荣获"全国优秀古迹遗址保护项目特别推荐项目"》，清源文化遗产微信公众号。

（4） 2019年10月14日，张荣等《快讯——古月桥荣获"UNESCO亚太地区文化遗产保护奖"优异项目奖》，清源文化遗产微信公众号。

3. 图书

（1） 李宏松《不可移动石质文物保护工程勘察技术概论》，文物出版社，2020年。

（2） 吕舟《中国文物保护古迹思想史研究文集》，国家自然科学基金项目《中国文物古迹保护思想史》（项目批准号：51778316），清华大学出版社，2021年。

（3） 中国古迹遗址保护协会主编《2018～2019年度优秀古迹遗址保护项目案例详解》，中国建筑工业出版社，2022年。

4. 会议

（1） 2015年8月29日，吕宁、王麒讲座《古月桥勘察研究与修缮设计探索》，首届国际建筑遗产保护博览会，上海展览馆。

（2） 2015年11月3日，吕宁讲座《古月桥勘察研究与修缮设计案例探索》，石窟勘察培训，中国文化遗产研究院。

（3） 2018年11月，叶良在第一届中法文物古迹国际学术交流论坛讲座《古月桥保护施工监测项目案例》。

（4） 2019年4月18日，张荣讲座《古月桥预防性保护工程实践探索》并发布项目展板，国际古迹遗址日暨2019年度全国优秀古迹遗址保护项目颁奖会，清华大学建筑设计研究院绿色报告厅。

（5） 2019年6月15日，张荣讲座《古月桥预防性保护工程实践探索》并提交论文，预防性保护——第三届建筑遗产保护技术国际学术研讨会，东南大学榴园宾馆。

（6） 2019年11月1日，张荣讲座《从抢救性保护到预防性保护——古月桥保护修缮工程实践分析》并发布项目展板，2019年国际建筑遗产保护与修复博览会——预防性保护论坛，上海展览馆。

（7） 2019年11月8日，王麒讲座《古月桥修缮工程的预防性保护初探》并提交论文，2019年中国建筑学会建筑史学分会年会暨学术研讨会，北京工业大学建筑与城市规划学院。

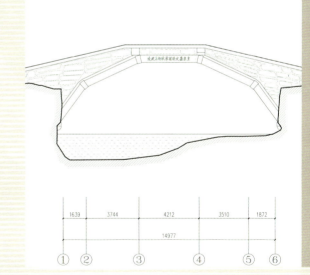

| 1639 | 3744 | 4212 | 3510 | 1872 |
| 14977 | | | | |

① ② ③ ④ ⑤ ⑥

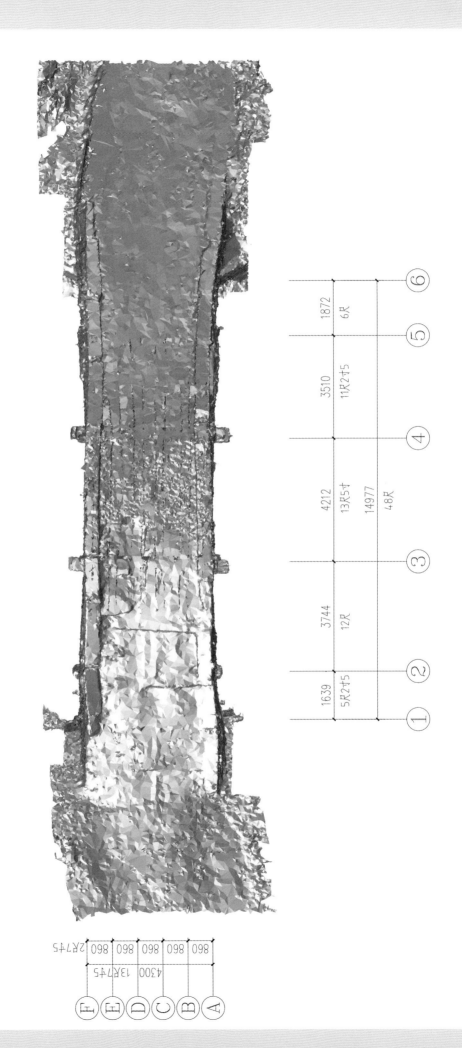

一 三维激光扫描点云模型平面实测图

二 三维激光扫描点云模型仰视平面实测图

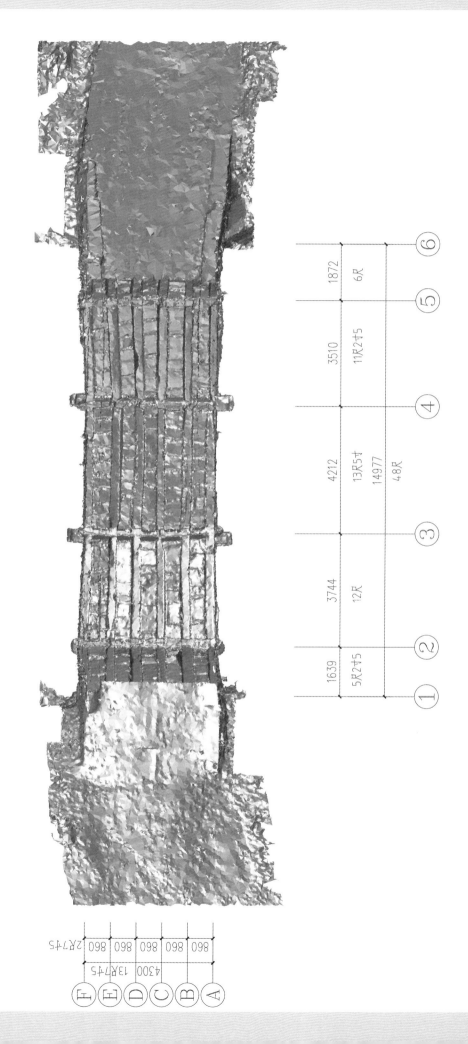

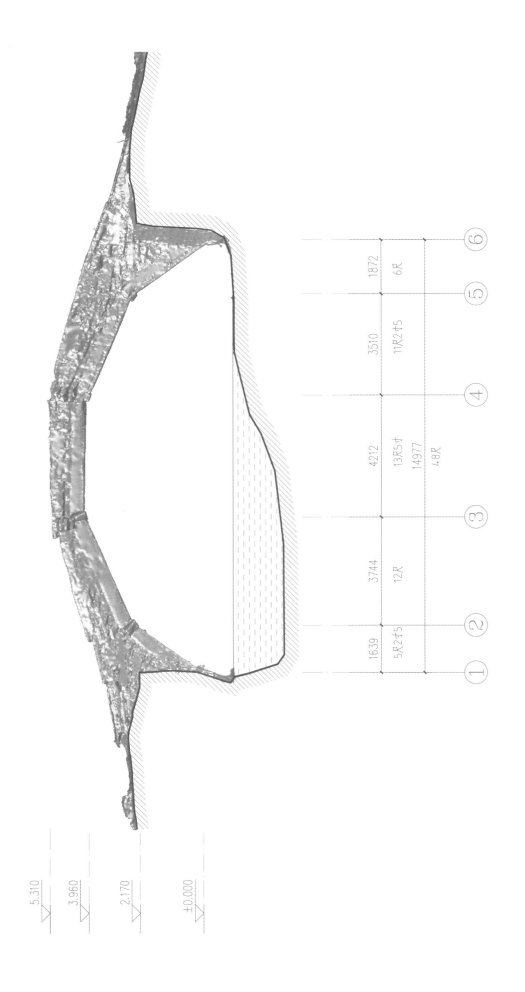

三维激光扫描点云模型南立面实测图

5.310
3.960
2.170
±0.000

1639 3744 4212 3510 1872
5尺2寸5 12尺 13尺5寸 11尺2寸5 6尺
14977
48尺

① ② ③ ④ ⑤ ⑥

四 三维激光扫描点云模型北立面实测图

5.310
3.960
2.170
±0.000

1639　5尺2寸5
3744　12尺
4212　13尺5寸
14977　48尺
3510　11尺2寸5
1872　6尺

① ② ③ ④ ⑤ ⑥

五、平面图

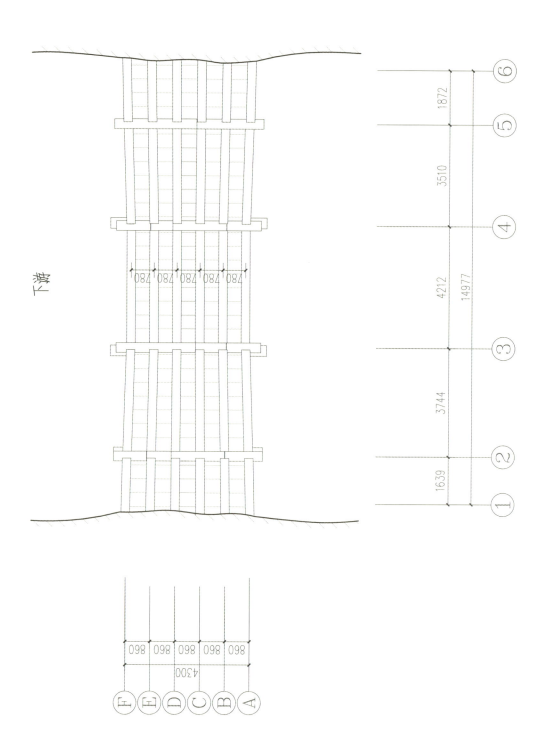

下游

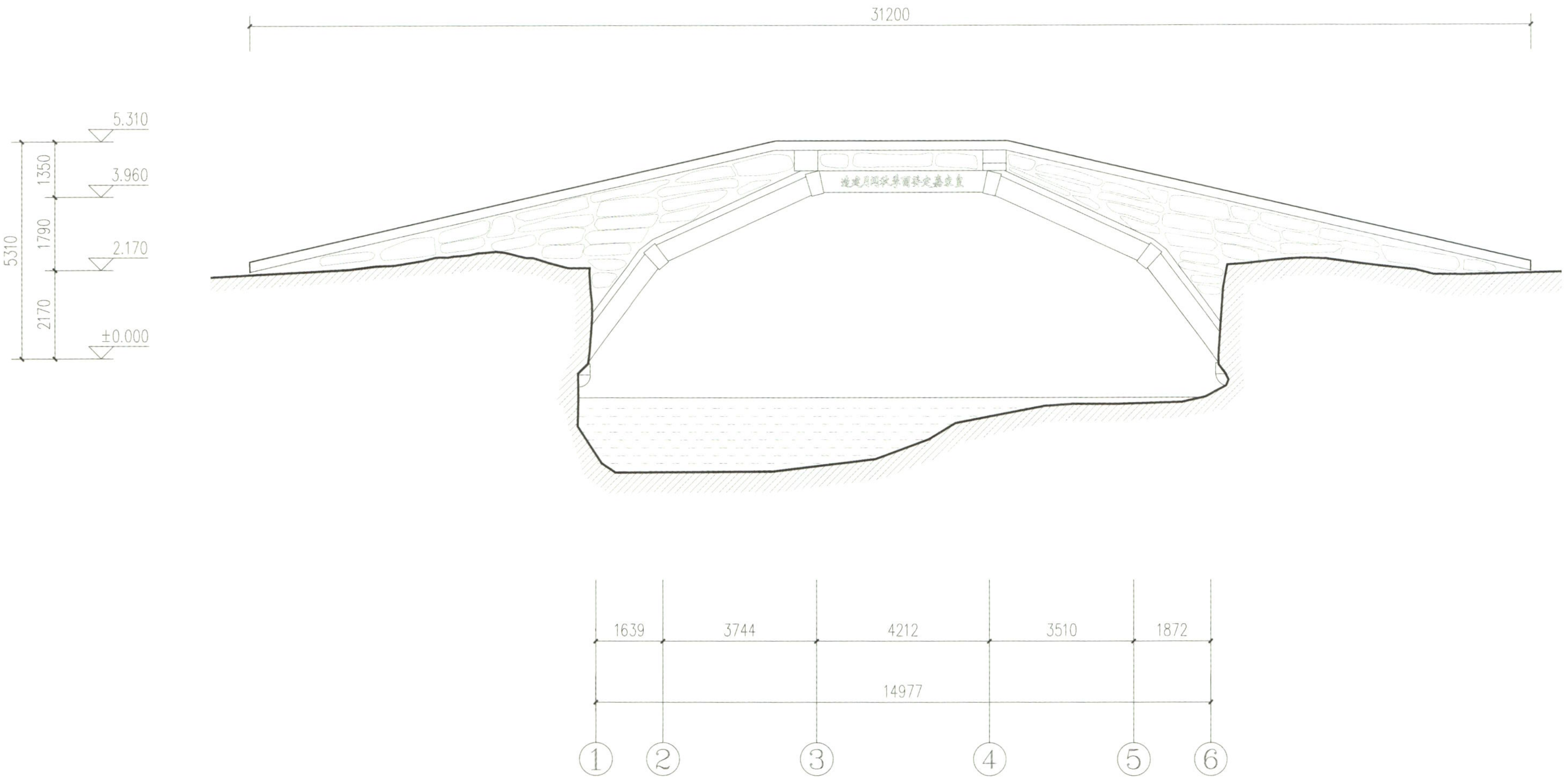
31200
5.310
3.960
2.170
±0.000
1350
1790
2170
5310
1639
3744
4212
3510
1872
14977
1
2
3
4
5
6

七 南立面图

31200

1639 3744 4212 14977 3510 1872

① ② ③ ④ ⑤ ⑥

5.310
3.960
2.170
±0.000

5310
1350 1790 2170
1350

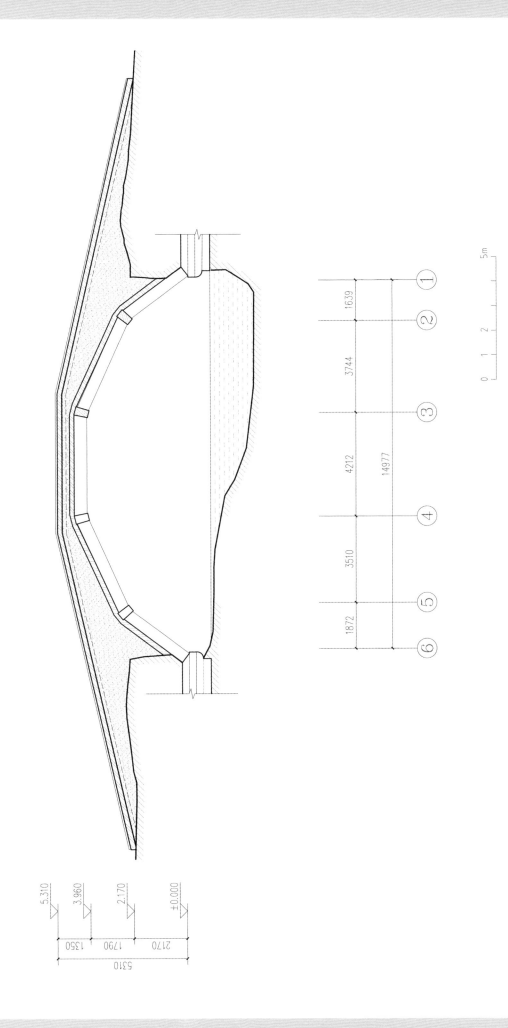

3900
780 780 780 780 780

860 860 860 860 860
4300

F E D C B A

横剖面图
一〇

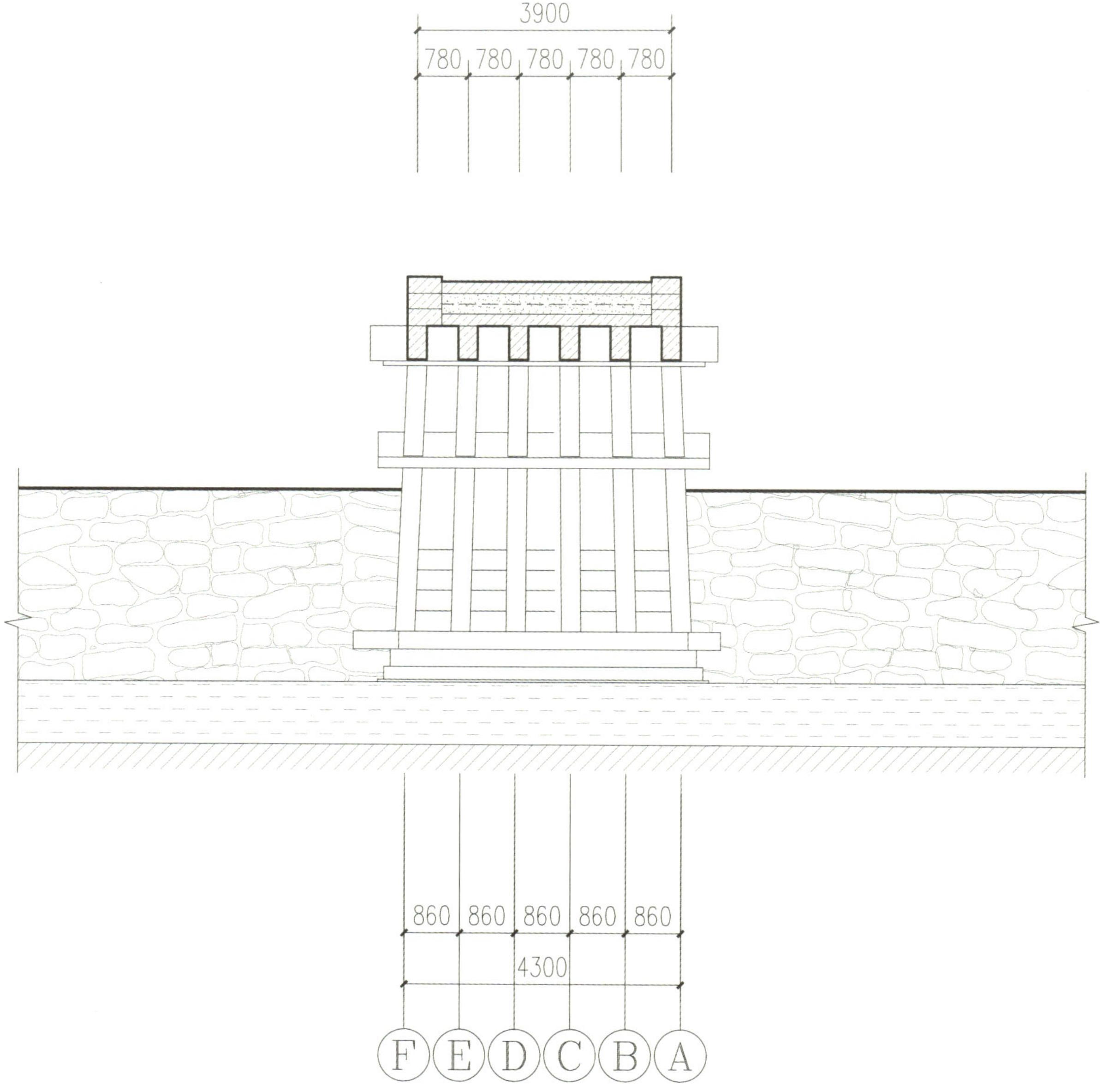

Guyue Bridge is located in Yiwu City, Zhejiang Province. It goes across the Longxi River in Yazhi Street Village, Chi'an Town. With a history of 806 years, the bridge is an important access to YazhiStreet Village. In 2001, Guyue Bridge was designated as a NationalCultural Heritage Site.

Guyue Bridge faced serious damages after 800+ years for natural erosion.The Chinese characters, "Huang Song Jia Ding Gui You Ji Qiu Run Yue Jian Zao" engraved on the stone beam on the south side of the bridge, literally means Guyue Bridge was built in the 6th year of Jiading Reign of the Song Dynasty (1213 AD).Guyue Bridge is the earliest five-folding-arch stone bridge in China.It is built through the single-arch, vertical connection and adjoined piling method. The body of the bridge is divided into four layers. The bottom is supported by 6 rows of rib beams to form a pentagonal folding arch. With a folding-arch shape, each row has 5 stone beams, and arch sections are connected by locking stones. Grooves are chiseled out of locking stones, so that arch strip stones and locking stones are closely connected. In addition, to ensure certain flexibility in the entire bridge, instead of running through the entire six rows of stone beams, the locking stones connect the six rows of stone beams in a staggered manner, with two beams for each group.

This folding-arch stone bridge is an important form of bridge construction for the transition from stacked arch to round arch. As the earliest folding stone arch bridge in China with clear records, it occupies an important position Chinese science and technology history for its high architectural and scientific value.

Also, the bridge is an important passage to the outside world for the villagers of Yazhi Street Village. It has been in use for 806 years. Also it has a key connection with the formation and development of the village. Villagers often sit and chat at the end of the bridge, making it the spiritual bond between the villagers. Thus, the bridge possesses equal important social cultural values and utility function for the entire community.

Before repair, the bridge had already been impassable.The purpose of this project is to restore it for villagers to use again as well as ensure the safety of the property.

Period: July 2014 – January 2019

Scope: the main body of Guyue Bridge; site area: around 100 m^2

Total investment :RMB 3,330,000 (USD 496,000).

During the investigation of damage to Guyue Bridge, it was found that in addition to the organism and microbial diseases on the surface and the missing mortar between the stones, the bridge body was chiefly threatened by the rupture of locking stones, and the crushing and movement of some rib beams at their ends. Obvious rules were observed in the weathering of the bridge body: the middle of the bridge suffered more serious weathering, while the sides were less weathered, which was proved by the microscopic experiments of the stone and microbial samples analysis. Also, panels of the bridge were suffered serious deficiencies, especially on the south side. Some parts were even torn through. When rain felled, water leaked from the bridge surface to the bottom structural components.

The main deterioration reasons are the seepage on the bridge surface, microbes and plant growth from the research. As the structural material has been in a dark and humid environment for a long time, the joint action of water and microorganisms has resulted in serious weathering to the beams.

According to the calculation and analysis of the stability of the bridge structure, Guyue Bridge is basically stable in its structural system without the impact of external force. However, since the differential weathering and serious deformation and displacement of load-bearing structure are developing, the impact of external forces, such as severe flooding and additional loads on the surface of the bridge, probably weaken the stability.

The bridge was turning to unstable state and was forbidden in normal use in recent 20 years. The villagers have no choice but to take other roads to enter and leave the village. Sitting and chatting on the bridge disappeared, warm memories has been gone before the conservation project.

Under the concept of preventive conservation, the project followed strictly the conservation principles of minimum intervention and reversibility to maintain the authenticity of the property. Moreover, it embraced high technology and traditional craft, with creatively monitoring the whole intervention through equipment and management.

The structural components were not dismantled during the entire engineering process, with the preventive protect untouchable steel beam system built under the bridge. Targeted "sacrificial protective material" was invented for repairing damaged structural components by the research team, without replacing any existing structural components. This left the original bridge mechanics system completely intact. On the other hand, traditional craftsmanship was paid special attention. Local artisans, skilled in traditional techniques, were hired and involved. They made traditional handmade triad soil for the bed course and hand stone slates for the project.

The project complies strictly with:

Law of the People's Republic of China on the Protection of Cultural Relics;

Regulations on the Implementation of Law of the People's Republic of China on the Protection of Cultural Relics;

Principles for the Conservation of Heritage Sites in China

Regulations of the People's Republic of China on River Management;

Zhejiang Province Regulations on Conservation and Management of Cultural Heritage;

Management Measures for Cultural HeritageConservation Projects

Measures for the Administration of Science and Technology Projects for Cultural Heritage Conservation (Trial) (ZWWF [2006] No. 278)

The survey and design team researched deeply the original construction and design method, preserved heritage values very well. 3D laser scanning was used in the survey. Through the precise model and calculate, the design technique was found. As 1 chi equals to 31.2cm in the Song Dynasty, the whole bridge measures 10 zhang (1 zhang equals to 10 chi), while the bridge approach measures about 50 chi, and the body measures about 50 chi. The bridge axis spans 48 chi, and the starting arch point is 12 chi to the highest point, forming a triangle in a bottom-height ratio of 4:1. Considered the characteristics of bridge-building technology during the Song Dynasty, the triangle should be in line with the initial setting at the beginning construction. According to the measured results, the axis was drawn with the bottom of six rows of stone beams as the reference. Although the six rows of stone beams suffered a certain degree of deviation, the overall contraction is obvious. This shows that Guyue Bridge retains inward prestress at the beginning of construction. Guyue Bridge has a rational mechanical structure design. Its use over more than 800 years also shows its successful design of bridge mechanics.

Therefore, the structure technique of the bridge bears the most important values. It is what we preserved very well in the project.

Based on research and value assessment above, we have systematically analyzed the stability of the existing structural system and the threads it faces. The repair plan thus proposes a research-based and preventive systematic solution.

In 2017, conservation plan for Guyue Bridge was completed and submitted for approval. In 2018, Yazhi Street Village, where Guyue Bridge is located, nominated as one of the fifth batch of traditional Chinese villages, and finished conservation and development plan of traditional village. The organic combination of the conservation of Guyue Bridge and development of the village promote heritage conservation and local sustainable development. Guyue Bridge becomes again the spiritual home of the villagers. With the cooperation and support of the town government and the villagers' self-governing committee, the Guyue Bridge Monitoring and Exhibition Center is planned to built in the village. Yazhi Street Village will be served as the exhibition center of the bridge culture in the middle of Zhejiang Province. The Guyue Bridge is now key element for the tourism, education and sustainable development of the area, with wider acknowledge and appreciation.

A series of important norms and documents unveiled by China in recent two years concerning heritage conservation state that: "Cultural heritage conservationt should change from 'rescue' to the combination of 'rescue conservation' and 'preventive conservation'. The Conservation and Repair Project of Guyue Bridge is an important successful example, reflecting this essential idea change.During the project, the "preventive" technical achivements, with the importance and focus, was shown in many aspects:

1. Through high-tech survey and structural calculation, we scientifically evaluate the stability of "Guyue Bridge" to achieve minimum intervention and research priorityprinciples;

2. Install untouchable steel beam system to prevent instability of the bridge structure during repair;

3. Use the especially invented "sacrificial materials" as a cushion layer between the components to enhance the structure integrity, recoveredthe stress scarf of the beams end, and all the original structural components were protected. Moreover, the strength of the material is slightly lower than the surface strength of the weathered components. If weathering proceeds, it will first act on the "sacrificial material" with concentrated force and low strength, reminding deformation will occur.

4. Local artisans use traditional techniques to repair bridge surface and handmade triad soil to prevent rain and water seepage and to abate the effects of weathering and biological diseases.

5. The entire project process is fully monitored. Deformation of the bridge structure is controlled during repair.

6. Public management guidelines, including the flood control and the use of bridge after repair.

The conservation project lasts for 5 years. One of the key tasks of the project to be solved is to develop the cushion material between the components for the Bridge. Under the requirement that the sacrificial material should be similar to the original volcanic breccia used in Guyue Bridge, natural hydraulic lime attracted our attention. The project team decided to modify the substrate of natural hydraulic lime to satisfy the requirements of sacrificial materials. The working group eventually found a "sacrificial" protective material made up of hydraulic lime, volcanic breccia ore and a small amount of polyvinyl alcohol fiber. The strength of this material is slightly lower than that of stone components used now. When weathering persists, the "sacrificial" material will be first destroyed, the original stone inside will be preserved well. Through the strength test, aging test and field test, the material can meet all the requirements. A national patent was obtained for this material in February 2017.

The conservation project showcases the perfect combination of high-tech mapping technology, material technology, monitoring technology and traditional craftsmanship – from design to intervention.

After the project, Yazhi Street Villagers' Committee and YiwuCultural Heritage Conservation Management Office carry out long-term scientific monitoring of the property and set up a monitoring and exhibition center, for data collection for the future. At present, the construction of the center have already began.

Moreover, the project pushes forward some management Policy introduction. Yazhi Street Villagers' Committee has improved the conservation management, stating that the bridge is strict for pedestrian only. Through consultation with the water conservancy department, diversion and flood control of the upper reaches of Longxi River are under control to prevent flood damage.

Most famous expert in geotechnical heritage conservation, professor Huang Kezhong, who was deputy director of Chinese National Academy of Cultural Heritage, evaluates the project as follows (see the original recommendation in the 8 Additional Materials) :

"This is an excellent successful example in conservation on stone bridges in China. It is innovative in that the original bridge structure remains intact after meticulous survey and structural safety assessment. New sacrificial materials are used for reinforcement. It conforms very well to the conservation principle such as reversibility and minimum intervention. After monitoring and the test of time, Guyue Bridge passed the acceptance and is well received publicly."

后记

黄美燕

龙溪春涨，古月桥气贯如虹。一座古老的石桥见证了岁月变迁和人事更迭。

在江南，随处可见的是各式各样的古石桥。1984 年 12 月在全国第二次文物普查时，义乌博物馆的工作人员在调查中发现了这座静立在义乌、东阳两县交界古道上的石拱桥，当地村民口耳相传称为"大桥"，相传是由南宋政治家、理学家徐侨（1160~1237）出资修建。据《绣川徐氏宗谱》记载：（徐侨）"出生于野墅之徐湖，晚年徙于清德里之蒲墟村，即丹溪也。"野墅就是现在的赤岸镇雅治街村，而蒲墟、丹溪都是历史上赤岸的别称。大概是因为疏忽，文物普查登记时没有查阅到明清《义乌县志》上有关该桥的记载，就因其形制取名为"古月桥"，而《义乌县志》中记载的"野墅桥""大桥"反而成为历史名称了。古月桥从此进入了文物部门的保护视野，1987 年被公布为义乌县县级文物保护单位，1992 年被公布为浙江省省级文物保护单位，2001 年被公布为全国重点文物保护单位。

古月桥的保护工作得到了国家文物局一贯的重视和支持，2002 年补助专项经费55 万元，用于古月桥保护。由于当时的修缮方案及技术条件尚不够成熟，有的专家对石构件的化学粘接提出异议。为慎重起见，此方案未能付诸实施。2004 年，义乌博物馆委托中国矿业大学等机构开展"义乌宋代古月桥稳定性评价及防护对策研究"，通过对古月桥承载结构的稳定性计算，古月桥已接近失稳状态，必须尽快维修加固。2005年，义乌博物馆对桥两侧护堤实施驳岸工程。时隔十年，古月桥保护修缮工程再次提到文物部门的议事日程。2015 年，义乌市文化广电新闻出版局向国家文物局申请立项，并委托清华大学建筑设计研究院有限公司对古月桥进行测绘勘察研究，北京国文琰文化遗产保护中心有限公司编制设计方案和施工图。勘察设计单位以吕舟教授为项目主持人，张荣、王麒、吕宁、王帅、李玉敏、蔡晓萌、白伟亮、陈竹茵等组成勘察设计团队。勘察过程中，还邀请了北京大学考古文博学院的周双林副教授，对古月桥进行了取样分析。经过系统的勘察测绘研究，勘察设计单位编制了两个比选方案，在方案报审之前组织了一次专家初审，故宫博物院张克贵先生、中国文化遗产研究院杨新女士、北京建筑大学田林教授都对方案给以评审指导意见。原中国文物研究所副所长黄克忠先生、原中国文物研究所古建筑与古迹保护中心主任张之平女士作为该项目顾问，给予重要建议：古月桥虽然已经历时八百多年，但结构计算证明，它自身结构基本稳定，因此就不要轻易改变它的受力体系。古月桥的结构体系是桥梁类文化遗产最重要的价值点，要严格保护。最后确定采用方案一，即采用最小干预原则的方案，不进行结构落架，不采用钢筋或碳纤维等材料改变现有结构体系和材料强度。勘察设计团队基于水硬性石灰材料，有针对性地研发出"牺牲性"专利材料对桥体结构进行补强修缮。浙江省文物局对修缮方案进行了审查批复，国家文物局补助项目专项资金 321 万元，体现了上级文物部门对古月桥保护的高度重视。

在项目招标前，我们还对云河石门桥（省保）、湖州市双林三桥（国保）进行实地考察，了解施工组织情况和修缮后的效果，这两座石桥修缮工程的项目经理黄金荣向我们做了重点介绍。2016 年，经过邀请招标，由浙江义乌宏宇古建园林工程有限公司中标承担施工任务。

修缮项目实施过程中，浙江省科技学院教授叶良等在施工材料的优化配比和试验、施工监测、现场技术指导等方面给予技术支持，中国文化遗产院研究员葛川，浙江省古建筑设计研究院研究员蒋双议，浙江省文物考古研究所原副所长黄斌、原文保中心主任邵浦建等众多领导和专家曾亲临指导，对各位的帮助一并表示谢忱。

2019 年，古月桥修缮工程入围中国古迹遗址保护协会举办的"全国优秀古迹遗址保护项目"终评。在项目评审过程中，中国古迹遗址协会组织专家刘智敏女士、吕军辉先生亲赴古月桥现场进行工程实施效果复核。黄克忠先生欣然为古月桥参加评奖致推荐信。2019 年 4 月 18 日，国际古迹遗址日主题活动在清华大学召开，古月桥保护修缮项目在颁奖会上作为特别推荐奖项目予以推介，国家文物局对此项目的工程质量和保护理念表示肯定，给予好评。2019 年 10 月，古月桥修缮工程荣获联合国教科文组织颁发的"第 20 届亚太文化遗产奖优异项目奖"，北京国文琰文化遗产保护中心有限公司副总工程师张荣代表各项目单位参加了颁奖仪式。

本书"前言"由吕舟撰写；第一章"中国古代桥梁文物保护回顾与探索"由张荣执笔；第二章"古月桥及其环境"由吕宁和张枫林执笔；第三章"勘察研究"由吕宁、王麒、李玉敏执笔；第四章"方案设计"由王麒、吕宁、王帅等执笔；第五章"'牺牲性'保护材料研究"由王麒、白伟亮、叶良执笔；第六章"施工组织与管理"和第七章"工程施工"由黄美燕执笔；第八章"监测"由叶良执笔；第九章"工程总结"由黄美燕、张荣执笔；附录和英文提要由王帅、黄美燕、张荣、吕宁等执笔。本书通稿审校由黄美燕和张荣共同承担。插图主要来源于勘察设计方案、工程资料、"四有"档案和历史文献资料，义乌市天下广告有限公司提供了多帧珍贵的图片，在此一并致谢。

本次工程项目从前期立项、方案编制和审批，到施工组织管理、竣工验收，再到后续跟踪监测、参与评奖，直到报告出版，一路走来，每个环节都离不开大家的关心和帮助。清华大学建筑学院教授、国家遗产中心主任吕舟担任本书编委会主任，项目顾问黄克忠先生应邀为本书作序，国家文物局副局长宋新潮在百忙中应邀为本书作序。国家文物局为本书的出版给予经费补助，浙江省文物局、义乌市文化广电新闻出版局的领导对本书出版给予大力支持，义乌市文物保护所、北京国文琰文化遗产保护中心有限公司、清华大学建筑设计研究院有限公司各位同仁通力合作，浙江义乌宏宇古建园林工程有限公司、杭州聚代文化遗产保护科技有限公司在施工资料的提供和技术指导方面给予大力配合，赤岸镇政府、雅治街村委等在修缮过程中给予无私的协助，并配合参与评奖。值此书稿付梓之际，请允许我们再次向为本书出版给予无私帮助的领导、专家、同仁致以诚挚的谢意。

本书写作除了采用工程报告的习惯写法，也做了其他方面的努力，在保持学术原真的基础上，试图让内容通俗易懂，图文并茂。尽管花费了一年多时间才得以完成此书，但"复恐匆匆说不尽，行人临发又开封"。在即将完稿之时，仍然有言之未尽的感受。由于我们水平有限，难免有纰漏之处，甚至错误存在，恳请同道及有识之士批评指正，不吝赐教。

2021 年 1 月于义乌怡园